일본어 왕초보를 위한
애니메이션 학습법

6개월이면 일본인과 회화가 된다

최기훤 지음

비팬북스

일본어 왕초보를 위한 애니메이션 학습법 · 6개월이면 일본인과 회화가 된다

저 자 I 최기훤
펴낸이 I 최용호

펴낸곳 I (주)러닝스페이스(비팬북스)
디자인 I 최인섭
주 소 I 서울시 구로구 디지털로32가길 16, 1206-240
전 화 I 02-857-4877
팩 스 I 02-6442-4871

초판발행 I 2017년 9월 11일
등 록 I 2008년 11월 14일 (제 25100-2017-000082호)
홈페이지 I www.bpanbooks.com
전자우편 I book@bpanbooks.com

이 도서의 저작권은 저자에게 있으며 저자 및 출판사의 허락 없이 일부 혹은 전체 내용을 무단복제하는 행위는 저작권법에 저촉됩니다.

값 13,000원
ISBN 978-89-94797-74-8 (03320)
비팬북스는 (주)러닝스페이스의 출판부문 사업부입니다.

이 도서의 국립중앙도서관 출판시도서목록(CIP)은 서지정보유통지원시스템 홈페이지(http://seoji.nl.go.kr)와 국가자료공동목록시스템(http://www.nl.go.kr/kolisnet)에서 이용하실 수 있습니다.(CIP제어번호: CIP2017022462)

일본어 왕초보를 위한
애니메이션 학습법

6개월이면 일본인과 회화가 된다

최기훤 지음

비팬북스

목차

머리말

1장 일본어 회화, 이제는 방법을 바꿔라
1.1 일본어, 왜 배우려고 하는가? 13
1.2 대한민국에서 외국어를 습득하기 쉽지 않은 이유 17
1.3 나는 일본 드라마보다 애니메이션이 더 좋다 21
1.4 애니메이션만으로 일본어 회화를 익힐 수 있을까? 25
1.5 왕초보 외국어 회화에 콘텐츠를 강조하는 이유 28
1.6 내가 일본어를 배우게 된 계기 32
더쿠애니가 일본어 회화 학습에 추천하는 애니 베스트 1-2

2장 일본어 왕초보, 6개월이면 진짜 말할 수 있다
2.1 외국어 회화의 목표 수준을 명확히 하라 45
2.2 문법책은 지금 당장 덮어라 49
2.3 왕초보 3개월은 듣기에 집중하라 53
2.4 점잖은 일본어 회화는 이제 그만! 57
2.5 회화가 중요하면 학습용 애니메이션으로 공부하라 60
2.6 잘 만든 대본 하나, 당신의 일본어 실력을 높여준다 64
2.7 재미있는 애니메이션 말하기 훈련으로 학습의 집중도를 높여라 67
더쿠애니가 일본어 회화 학습에 추천하는 애니 베스트 3

3장 해도 해도 일본어가 안 늘어요

3.1 일본어 회화에 실패하는 이유 75

3.2 히라가나, 가타카나 외우기 너무 힘들어! 78

3.3 말을 해야 말을 하지 80

3.4 누군가의 지도를 받아야 한다는 생각을 버려라 85

3.5 모든 걸 알아야 한다는 강박관념을 버려라! 88

3.6 듣기를 열심히 하는데 일본어가 들리지 않는 이유 91

3.7 애니메이션이나 일본 드라마를 어느 정도는 듣는데 대화가 안돼요 96

더쿠애니가 일본어 회화 학습에 추천하는 애니 베스트 4-5

4장 속는 셈 치고 6개월만 따라해봐! 일본어 회화가 된다

4.1 당신의 일본어 회화 교재를 애니메이션으로 바꿔라 107

4.2 말을 유발하는 도구를 사용하자 111

4.3 난 한 놈만 팼다 115

4.4 지브리 애니메이션이 일본어 회화 공부에 좋은 이유 118

4.5 애니메이션을 맛있게 먹는 단계별 레시피 123

4.6 내가 일본어 한자를 익히는 방법 129

4.7 뇌를 알면 외국어 말하기가 쉬워진다 133

4.8 만화책은 훌륭한 부교재이다 136

4.9 회화를 단기간에 늘리려면 브레인 트레이닝하라 139

더쿠애니가 일본어 회화 학습에 추천하는 애니 베스트 6

5장 일본어, 이제 스트레스 없이 즐기면서 배우자

5.1 지금 당신이 일본어를 익혀야 하는 이유 147

5.2 본인이 가장 좋아하는 애니메이션으로 시작하라 151

5.3 초조함을 버려라. 확 늘어나는 시기가 반드시 온다 154

5.4 일본 여행을 단순히 여행으로 끝내지 마라 157

5.5 일본어, 더 이상 공부하지 말고 즐겨라 160

더쿠애니가 일본어 회화 학습에 추천하는 애니 베스트 7 163

부록 1. 애니메이션 일본어 회화 트레이닝 북

일본 애니메이션으로 단기간에 일본어 회화 왕초보 벗어나기 167

애니메이션 일본어 말하기 훈련 프로세스 - 80분 애니메이션 기준 173

애니메이션 일본어 말하기 훈련 프로세스

                     - 20분 애니메이션 에피소드 기준 176

윈도우 플랫폼에서 스피킹 훈련하기 179

안드로이드 플랫폼에서 스피킹 훈련하기 187

아이폰(아이패드)에서 스피킹 훈련하기 194

부록 2. Q&A

에필로그

머리말

필자가 일본어를 처음 보았던 때가 기억납니다. 초등학교 어렸을 적에 오락실에서 일본어를 처음 접했습니다. 그때는 그 글자가 일본어인지도 몰랐습니다. 우리말과는 다른 꼬부랑 글씨로 화면에 표시되는데 "게임에 나오는 글을 읽어보고 싶다"는 단순한 마음에 "나중에 저 언어를 공부해봐야지"라는 생각을 했던 것 같습니다.

그 이후에도 일본어에 대한 관심은 계속되었고 중학교부터는 일본 게임과 애니메이션에 빠져서 살았습니다. 첫 회사도 일본계 회사를 갈 정도로 일본어는 저와 떨어질래야 떨어질 수 없는 관계였습니다.

일본어를 공부하면서, 아니 정확히는 일본어 회화를 공부하면서 "왜 우리나라는 언어를 배울 때 문법부터 먼저 공부하는 걸까?"라는 생각을 많이 했습니다. 이는 아마도 시험에 편중된 대한민국의 잘못된 교육 방향 때문이 아닐까 합니다. 영어 회화든 일본어 회화든 대한민국에서 외국어를 평가할 때의 잣대는 시험 점수입니다. TOEIC이나 JPT 같은 시험 점수입니다.

그런데 이런 점수 취득만으로 정말 외국인과 커뮤니케이션을 할 수 있을까요? 아마 아니라는 것쯤은 대부분 알고 계실 겁니다. 하지만 현실을 외면할 수는 없죠. 면접이나 시험을 통과하지 않으면 안되기에 점수 따는 일에 열을 올립니다.

그리고 커트라인을 통과하면 그때부터는 새롭게 회화를 다시 배워야하죠. TOEIC 점수나 JPT 점수를 높게 받고 나서 외국인과 말 한마디 못한다는 오명은 어제 오늘 일이 아닙니다.

그러면 어떻게 해야 할까요? 어학 점수의 현실을 외면하고 무작정 회화에만 매달리면 되는 걸까요? 아니면 다른 사람들처럼 문법에 매달리고 시험 점수 높게 받는 공부만 잘하면 될까요?

필자는 언어를 배우는 목적을 먼저 파악하는 것이 가장 중요하다고 생각합니다. 내가 왜 이 언어를 배우는지, 어디에 써먹기 위해 배우고 있는지를 고민해야 합니다. 그래야 포기하지 않고 실제 회화를 할 수 있는 수준에 도달할 수 있습니다.

일본어 회화는 다른 언어에 비해 쉬운 편입니다. 대부분 알고 계시듯 일본어는 우리말과 어순이 같습니다. 단어만 어느 정도 알고 기초 문법만 알아도 일본어 말하기가 어렵지 않다고 합니다.

그런데 정말 그럴까요? 글쎄요. 저는 만만치 않다고 생각합니다. 단어는 많이 알고 말하는 법도 어느 정도 아는데 정작 말이 마음먹은대로 나오지 않거든요.

왜일까요? 그것은 말하는 훈련을 하지 않아서입니다.

글로만 언어를 배웠기 때문이죠. 문법책만 보고 단어만 열심히 배웠기에 말하는 연습을 해본 적이 없어서입니다.

기본적인 인사말이나 약간 외운 문장을 가지고 일본어가 쉽다고 생각하시는 분들이 많습니다. 하지만 그건 잘못된 생각입니다. 아마 본격적으로 본인의 생각을 말하고 유창하게 말할 수 있는 실력을 갖게 되기까지는 많은 시행착오를 겪을 겁니다.

저도 일본어를 어느 정도 했지만 회화가 제대로 되기까지는 우여곡절이 많았습니다.

이런 중간 과정을 단기간에 줄일 수 있는 방법이 바로 실제 원어민의 육성이 가득 담긴 콘텐츠로 연습하는 것입니다.

기존에도 애니메이션과 드라마로 말하는 방법은 있었습니다. 하지만 효율적인 방식은 아니었습니다. 그냥 종이에 프린트해 놓은 대사나 대본을 가지고 영상을 한두 번 따라해 보고 "혼자서 공부해 보세요"하는 정도였습니다.

많은 분들이 애니메이션이나 일본 드라마 한글 자막을 만들면서 보다 많은 사람들이 애니메이션을 즐기게 되었지만 막상 이것으로 일본이 회화를 배우는 구체적인 방법은 존재하지 않았습니다. 기존처럼 대사 스크립트 몇 줄과 해석 정도 나와 있는 것이 전부

였습니다. 기존과 별 다를 것이 없는 방식이었죠.

필자는 일본어 왕초보가 일본어 회화를 단기간에 하기 위해 애니메이션으로 배우는 것보다 좋은 건 없다고 생각합니다. 드라마는 어느 정도 수준이 올라섰을 때 보면 좋지만 언어를 갓 시작하는 초보자는 애니메이션과 같이 가벼운 것으로 시작하는 것이 좋습니다.

하지만 알고 있다고 해서 실천하지 않으면 무의미하겠죠? 그래서 탄생한 것이 바로 이 책에서 소개하는 말하기 훈련 프로그램입니다. 필자가 독자적으로 고안한 본 훈련 프로그램으로 딱 6개월 정도만 회화 훈련을 하면 왕초보도 기본적인 일상 회화 수준의 일본어 프리토킹이 단기간에 가능합니다.

어린이부터 성인까지 누구나 본 시스템으로 일본어를 재미있게 배우며 단기간에 회화가 가능합니다.

기존에 억지로 만든 타인의 콘텐츠로 하는 공부가 아니라 콘텐츠를 내가 선별하고 만들어서 학습할 수 있기 때문입니다.

더 깊은 이야기는 책의 본문을 읽어보시면 될 것 같습니다.

(책에서 다루지 못한 자세한 훈련 방법 및 자료들은 네이버 카페인 더쿠애니회화닷컴(http://cafe.naver.com/thekuanistudy)에 공개할 예정입니다.)

애니메이션을 우습고 유치하게 볼 게 아니라 지금부터는 회화 학습의 보고라고 생각하시고 접근해 보면 어떨까요? 분명 지금과는 다른 일본어 회화 실력을 갖게 될 것입니다.

이제부터 저와 함께 애니메이션으로 배우는 일본어 회화 방법을 시작해 보도록 하겠습니다.

끝으로 이 책이 출간되기까지 많은 조언과 응원을 해준 아내 김혜숙, 큰딸 최재영, 막내딸 최정윤에게 감사의 인사를 전합니다.

더쿠애니 최기훤

one

일본어 회화, 이제는 방법을 바꿔라

1.1 일본어, 왜 배우려고 하는가?

"6개월만에 합격하는 JLPT 2급"
"JPT 문법, 이것만 보면 끝이다"
"일본어 왕초보, 이것만 보면 끝"

필자도 한때는 회사에서 진급을 위해 일본어를 열심히 공부한 적이 있다. 물론 필자는 현재도 JPT나 JLPT 성적이 좋은 편은 아니다. JPT는 600점이 안되는 수준이다. JLPT는 시험을 쳐본 적도 없다. 하지만 현재 필자의 일본어 회화 실력은 일본 애니메이션이나 일본 방송을 듣고 이해하며 웃을 수 있는 수준까지 성장했다. 일본 사람들과 프리토킹도 가능하다. 하지만 여전히 일본어 단어는 많이 모르며 특별한 공부를 별도로 하고 있지는 않다.

그런데 어째서 일본어 회화가 되는 것일까? 비결은 '꾸준히 듣고 말하기'이다. 이것만큼 대단한 비법은 없다. 어떤 특별한 비법이 있다고 생각한다면 그런 건 없다. 언어는 역시 꾸준하게 하는 것이 비법이라면 비법이기 때문이다. 이 꾸준함이라고 하는 것에 아주 약간의 힌트가 숨겨져 있다. 그것은 '(무엇을 가지고) 꾸준히 하느냐'이다. 필자는 시험을 보기 위한 공부는 하지 않았다. 내가 재미있어하는 일본어 애니메이션을 알아듣고 일본인들과 대화하면 좋겠다는 생각으로 주구장창 일본어 애니메이션을 보기만 했을 뿐이다. 특별한 공부법을 익힌 것도 아니다. 공부법이라고 한다면 요즘 시중에서 흔히 말하는 미드, 일드로 공부하는 법을 계속했을 뿐이다. (지나고 보니 이것이 나만의 특별한 공부법이었다.)

당신이 일본어라는 언어를 공부하는 이유가 무엇인가? 우리나라에서 외국어라는 것을 공부한다는 것은 어떤 의미일까? 필자가 보기에는 대부분의 사람들이 시험을 보고 스펙을 올리기 위해서가 아닐까 한다. 물론 JLPT 등은 일본에 가서도 유용하게 쓰이기 때문에 배워두면 좋다. 2급 정도만 따도 일본에서 취업할 때 많은 도움이 된다. 하지만 그 외의 사람들은 왜 일본어를 공부하는 걸까? 당신도 한번 곰곰이 생각해 보라.

외국어는 입으로 연습하지 않으면 늘지 않는다. 책으로 몇 일을 보던 몇 달을 보던 도서관이나 학원에서 눈으로만 공부하면 외국어 실력은 향상되지 않는다. 더구나 언어를 말로 배우지 않고 눈으로 배우는 우리나라의 분위기상 더욱 어렵다고 할 수 있다.

일본어는 보통 쉽다는 인식들이 강하다. 그래서 몇 달만 하면 일본어 회화가 된다고 생각하는 사람들이 많다. 물론 아주 초보적인 말하기에서는 쉬울 수 있다. 어순 자체가 우리말과 흡사하기에 우리말 어순에 단어만 넣어주면 몇 마디 금방 할 수 있다. 하지만 왕초보 수준을 넘어가면 그때부터는 해야 할 것들이 상당히 많아진다. 일본어 한자도 익혀야 하며 경어체, 반말체 등 점점 난이도는 높아진다. 일본 여자들이 지나가면서 얘기하는 것을 한번 들어본 적이 있는가? 알아듣기 쉽지 않을 것이다. '내가 배운 일본어가 맞는 거야?'라고 생각할 수 있다. 이렇게 되면 '일본어 배우기 만만치 않네' 하며 포기하게 된다. 일본어를 몇 마디 할 수는 있어도 실제 일본인과의 프리토킹에서는 말문이 막히는 경우가 많다.

언어는 기본적으로 커뮤니케이션을 위한 것이다. 시험 성적을 내기 위한 것이 아니다. 시험으로 외국어를 평가하는 방식으로는 외국어 향상을 기대할 수 없다. 그걸 알면서도 우리는 다람쥐 쳇바퀴 돌듯 시험 공부에만 매진한다. 4가지 중에 하나를 찍는 JPT, JLPT 등의 사지선다에만 매달려 있다.

언어는 사지선다가 아니다. 우리말도 이렇게 문법을 따지면서 4지선다식으로 배웠다면 우리말을 제대로 못하고 있을지도 모른다. 우리의 어릴 적 국어 시간을 생각해 보라. 우리말에도 복잡한 문법이 엄청나게 많다. 우리말 시험을 토익 시험처럼 복잡한 문법까지 따지면서 푼다고 생각해 보라. 과연 점수를 잘 받을 수 있을까? 점수를 잘 받기 위해서 얼마나 많은 국어 문법책을 보아야 할까.

이런 잘못된 관습에서 벗어나야 한다. 일본어 회화를 위해 문법책, 혹은 JPT, JLPT 책부터 보는 것부터 바꿔야 한다. 왕초보가 어학을 익히기 위한 길이 문법책을 보는 것뿐인지 필자는 아직도 이해가 되지 않는다. 왜 이렇게 잘못된 방법이 아직도 만연해 있는지도 잘 모르겠다. 특히 일본어의 경우 왜 아직도 문법이 가득한 기초책들만 서점에 즐비하게 널려 있는지도 잘 모르겠다.

필자도 어린 시절에 일본어 기초 문법책을 보면서 지냈다. 일본어에 항상 관심은 있었지만 기초책만 보면서 실력이 향상되지는 않았다. 필자가 일본어 실력이 늘어난 건 사회 생활을 시작하면서 본 일본 애니메이션의 영향이 크다. 필자는 눈으로만 보는 콘텐츠가 아니라 살아있는 콘텐츠로 공부했다. 애니메이션에는 지금 즉시 사용해도 이상하지 않은 생생한 일본어 표현들이 살아 움직이고 있다. 필자는 지금도 그런 콘텐츠들을 항상 접하고 있다.

어렵게 생각할 필요가 전혀 없다. 외국어를 익힌다는 것은 회화, 사람과 사람 사이의 커뮤니케이션을 습득하는 것과 같다. 어학은 듣고 말하기가 우선이다. 읽고 쓰는 것은 사실 조금씩 배워가면서 해도 된다. 읽고 쓰기를 하지 말아야 한다는 것이 아니라 대화를 하려면 듣고 말하는 것에 먼저 목표를 두고 습득하는 것이 맞다고 보기 때문이다. 읽고 쓰는 것은 별도의 학습으로 돌리면 된다. 어학에 있어서 진짜 필요한 것은 점수로 표현되는 것이 아니라 사람과 사람의 커뮤니케이션과 교류이기 때문이다.

1.2 대한민국에서 외국어를 습득하기 쉽지 않은 이유

대한민국에서 외국어를 익히기 어려운 이유가 무엇일까? 외국어가 무엇이길래 이렇게나 스트레스를 받으면서 익혀야 하는 걸까? 어학책이든 방법론 책이든 대부분의 어학 책이 영어에 집중되어 있다. 영어를 배우지 않으면 남보다 뒤쳐진다고 생각하는 시대다.

그런데 이러한 희망에도 불구하고 영어를 말할 수 있는 사람들이 주위에 그렇게 많은 것 같지 않다. 외국계 회사나 영어를 생활에서 사용해야 하는 사람들이 아니라면 영어라는 언어를 좀처럼 쓸 일이 없을 것이다. (영어를 전혀 쓰실 일이 없는 우리 어머니 조차도 집에 영어회화 책이 있을 정도이니 말이다.)

시중에는 다양한 외국어 책들이 오늘도 여전히 쏟아진다. 최근에는 패턴 책의 인기가 약간 시들한 것 같은데 그래도 꾸준하게 나오고 있다. 항상 단골로 나오는 상황에 맞추어서 내용이 이어지지 않는 소각난(?) Dialogue를 나열하는 책도 여전히 많이 나오고 있다. 그런데 이런 책들이 외국어 말하기에 실제로 도움이 되기는 하는 걸까? 나도 거의 10년 동안 수많은 외국어 책을 구매했다. 현재는 어느 정도 정리를 했으나 한 때 200권 이상의 다양한 책을 구매했었다. 기초 문법책, 일상 회화만 나열된 책, 상황 영어 책, 패턴을 정리해 놓은 책, 백과사전식 문장 책, 여행 회화책 등 수많은 책들에 돈을 쏟아부었다. 결국 남은 건 발전 없는 실력과 어학책들 뿐이었다.

결론은 하나였다. "나에게 맞는 외국어책은 없다"였다. 아니 정확하게 말하자면 내가 관심을 가지고 지속적으로 학습할 수 있는 콘텐츠가 없었다. 외국어를 배울 때 가장 중요한 것이 무엇일까? 나는 "지속적으로 반복할 수 있는 콘텐츠"라고 생각한다. 그 콘텐츠가 회화책 혹은 패턴책에 있든 아니면 다른 곳에 있든 나만이 계속 반복할 수 있는 콘텐츠를 찾아야 한다고 생각한다.

당신은 외국어를 왜 익히려고 하는가?

1. 외국어 한다고 하면 있어 보이니까
2. 주변에서 외국어를 하나라도 못하면 우습게 보니까
3. 취업하려고(토익, 토플, JPT, JLPT 등)
4. 회사에서 진급하려면 필요하니까
5. 외국어를 많이 알면 나중에 그냥 도움이 될 것 같아서
6. 외국어를 익혀 외국 문화를 알고 외국인과 커뮤니케이션하려고

당신은 어디에 속하는가? 대한민국에서 외국어를 배울 때 6번에 해당하는 사람이 과연 몇 명이나 될까? 대부분은 스펙을 쌓기 위해 외국어를 배우고자 하는 경우일 것이다. 인정하는가? 중요한 것은 외국어를 순수하게 배워야겠다는 열정이 없이 목적만으로 배우기에 외국어 실력이 진짜 늘지 않는 것이다.

"생존을 위한 반복"인가? "재미를 위한 반복"인가? 이도 저도 아니면 외국어는 늘지 않는다. 우리나라의 어학 공부는 너무나 정적이다. 문자 중심이고 활자 중심이다. 희로애락을 표현하는 것도 문자를 중심으로 익혀왔다. 이것이 어떻게 외국어를 배우는 환경이라 할 수 있겠나? 특히, 책에 붙어 있는 CD를 들어보면 더 심각하다. 녹음실 스튜디오에서 정직하게 발음하고 희로애락이 들어있는 문장도 그냥 덤덤하게 녹음된다. 언어에는 인간의 희로애락이 모두 포함되는데 우리나라에서 나오는 어학 교재를 보면 희로애락이 표현된 것들을 들어보기가 힘들다. 그나마 미드로 배우는 영어책에는 미드적인 표현들이 있지만 미드 내용을 직접 CD로 내면 저작권 문제가 발생할 수 있기에 별도로 녹음을 하는데 이 역시 성우들이 스튜디오에서 녹음한 것들이다. 이래서야 언어를 습득할래야 습득할 수가 없다. 그나마 어린이용 학습지들을 보면 상황은 그나마 좀 나은 것 같다. 하지만 정적인 종이 페이지에 음성만 있으니 액티브하지는 않은 것 같다. 또한 전체적인 상황이 연결되지 않고 단편적인 Dialogue만 나오기에 전체를 연결하여 기억하기가 힘들다.

이러한 부분을 극복해 줄 수 있는 것이 Real Native Resource(RNR) 이다. Real Native Resource야말로 콘텐츠가 살아서 펄떡거리는 싱싱한 재료이다. 실제로 내가 써먹어야 할 외국어이다. 이런 콘텐츠는 기존에도 시네마 잉글리시, 드라마 일본어 등으로 많은 사람들에게 알려져 있다. 하지만 수준이 가지각색이라 초보자들에게는 전혀 도움이 되지 않는다.

그래서 나는 영화, 미드, 일드가 아닌 어린이용 애니메이션 콘텐츠가 외국어 초보자들에게 어울린다고 생각한다. 유치하지만 반복 습득이 가능하며 미드, 일드만큼 재미있는 콘텐츠가 무수히 많다. 그런 콘텐츠 중에서 나에게 맞는 콘텐츠를 찾아 반복해야 한다. 결국 우리나라에서 외국어 회화라는 것을 잘하기 위해서는 나에게 맞는 RNR 콘텐츠를 찾아 무한 반복하는 것이 정답이다. 물론 꾸준히 할 수 있다는 전제 조건이 붙지만 이것은 콘텐츠가 재미있다면 얼마든지 극복할 수 있다.

1.3 나는 일본 드라마보다 애니메이션이 더 좋다

일본어 왕초보 수준을 넘어 이제 일본어를 조금씩 말하기 시작하는 사람들이 많이 선택하는 것 중 하나가 일본 드라마를 보는 것이다. 예전에는 일본 드라마를 구하기가 쉽지 않았지만 이제는 약간의 비용과 노력(?)을 들이면 쉽게 구할 수 있는 시대가 되었다. 필자가 추구하는 Real Native Resource에도 일드같이 살아서 펄떡이는 리소스가 중요하다. 실제 필자도 일본 특촬물 드라마는 꼬박꼬박 챙겨서 보고 있다.

하지만 일본어를 배운지 얼마 되지 않은 초보자들이 일드에 손을 대는 것은 무척 위험한 발상이다. 시중에 나와 있는 일본 드라마 책들을 살펴보라. 객관적으로 봤을 때 일본어를 갓 시작한 왕초보가 일본 드라마를 본다고 일본어 회화 실력이 갑자기 늘까? 문제는 문장 수준의 차이다. 우리가 배우려는 수준과 일드의 수준 차이가 너무나 많이 나기 때문에 회화를 배운지 얼마 되지 않은 외국어 초보자들은 이런 접근에 신중해야 한다. 그래서 드라마라고 하더라도 아주 쉬운 문장들이 나오는 드라마로 학습해야 한다. 하지만 그런 드라마를 찾기가 쉽지 않을 것이다.

바로 그래서, 필자가 추천하는 것이 일본 애니메이션이다. 애니메이션은 드라마보다 접근하기가 쉽다. 또한 문장 자체도 어린아이들을 대상으로 해서 만들어지기 때문에 쉬운 문장을 많이 쓴다. 스포츠 만화의 경우에는 스포츠 전문 용어도 간간이 익힐 수 있다. 드라마보다 좀 더 상상력을 발휘할 수 있기에 다양한 장르의 문장과 단어들을 익힐 수 있다. 그리고 무엇보다 재미있다. 〈명탐정 코난〉, 〈슬램덩크〉, 〈드래곤볼〉 등등, 우리가 환호하고 센세이션을 일으켰던 작품들이 많다. 〈슬램덩크〉는 우리나라에 한동안 농구 붐을 일으켰을 정도로 인기가 높았던 애니메이션이었다.

이렇게 애니메이션은 드라마보다 더 쉽고 재미있게 일본어 회화를 접할 수 있는 유일한 수단이다. 하지만 애니메이션으로 일본어 회화를 익히고자 할 때 다음과 같은 오해들이 많다.

첫 번째, 반말체가 많아서 일본어 초보자가 익히면 안된다.

이것은 회화 콘텐츠를 편식하지 말자로 말할 수 있을 것 같다. 일상 생활에서 '-입니다', '-하시겠습니까?' 같은 정중체, 존중체만 사용하지는 않는다. 오히려 친구들 혹은 가족끼리 사용하는 반말체를 더 많이 사용한다. 실생활에 쓰는 말을 쓰지 않고 비즈니스에 쓸 회화만 배우고 있기 때문에 일본어 회화가 늘지 않는 것이다.

두 번째, 애니메이션은 폭력적이고 캐릭터들이 쓰는 이상한 말투 때문에 학습에 적합하지 않다.

애니메이션에서는 일부 캐릭터들이 이런 말투를 쓰는 경우가 많다. 〈나루토〉라는 애니메이션의 주인공인 나루토에게는 독특한 말투가 있다. '떼바요'로 끝나는 말투가 그것인데, 이러한 독특한 말투만 배우게 되기 때문에 애니메이션으로 배우는 것이 별 도움이 되지 않는다고 주장하는 사람들이 많다. 하지만 좁은 시각으로만 판단해서는 안된다. 애니메이션에는 드라마보다 더 다양한 상황에서의 대화를 즐길 수 있다. 일반 서점에 있는 딱딱한 교재에서는 느낄 수 없는 수많은 에피소드 및 상황을 경험할 수 있다. 스튜디오에서 성우가 책만 보고 녹음한 것과 실제 상황과 비슷한 감정 표현을 가지고 녹음해야 하는 애니메이션과는 분명히 차이가 날 수밖에 없다.

세 번째, 드라마보다 수준이 떨어져서 일본어 학습에 도움이 안된다.

일본어 회화를 익힐 때 일드냐 애니메이션이냐를 놓고 수준 차이를 논하는 경우가 많다. 애니메이션은 일드보다 유치하고 수준이 떨어진다는 것이다. 그런데 역으로 생각해 보면 처음 언어를 배울 때는 가능한 한 유치해야 한다. 아무 말도 못하는 왕초보가 갑자기 하루아침에 일드에 나오는 대사 수준의 유창한 일본어가 가능할까? 일드를 이해하려면 기본적으로 초급 수준은 뛰어넘는 일본어 회화 실력이 필요하다. 본인의 수준은 생각해 보지도 않고 처음부터 일본 드라마로 시작하는 것은 시간 낭비다. 그러나 애니메이션은 5세 유아부터 시청할 수 있다. 대사도 그리 많지 않고 분량도 많지 않다. 한편 당 15분 정도로 내용이 일드에 비해 길지 않다. 그마저도 액션신이 나오면 대사량이 더 줄어든다. 대사의 수준이나 양에 부담이 없다. 일본어 회화를 재미있게 익힐 수 있다.

언어라는 것은 단순하게 문법책, 회화책만으로 익힐 수 있는 것이 아니다. 그 나라의 문화, 정서 등을 다양하게 파악하려면 실제 그네들이 보고 듣는 내용으로 공부하는 것이 맞다. 그런 면에 있어서는 일드나 애니메이션이나 다 마찬가지로 유용하다. 다만 아직 일본어를 제대로 모르는, 이제 일본어를 갓 시작한 초보자들에게는 수준에 맞는 콘텐츠를 선별하는 일이 무척이나 중요하다. 초보 수준에서는 쉬운 것으로 시작해야 한다. 쉬우면서도 실제 그네들이 사용하는 말을 접할 수 있는 콘텐츠, 필자는 그것이 애니메이션이라고 생각한다.

애니메이션으로 학습한다는 것을 우습게 보지 말고 오늘부터 진지하게 학습 대상으로 생각해 보는 건 어떨까? 당신의 일본어를 급격히 향상시킬 구세주가 될지도 모른다.

1.4 애니메이션만으로 일본어 회화를 익힐 수 있을까?

일본 애니메이션을 보는 것만으로 정말 일본어 회화를 익힐 수 있을까? 아마 이 글을 읽고 있는 분들도 이런 의문을 가지실 것 같다. 과연 이것이 사실일까? 그렇다, 사실이다. 하지만 고백하자면, 반은 맞고 반은 틀리다.

히라가나, 가타카나도 모르는 왕초보가 일본어 애니메이션만 매일 본다고 일본어 회화가 갑자기 되는 걸까? 애니메이션을 매일 30분 이상씩 보기는 하는데 입 밖으로 내뱉는 연습을 거의 하지 않는다면? 이러한 패턴을 가진 사람들이 과연 일본 사람들과 대화할 수 있을까?

그 나라의 언어로 말을 하려면 "말을 해야" 한다. 입을 열지 않고는 언어를 배울 수 없다. 눈으로 보거나 귀로 열심히 듣는다고만 해서 갑자기 입이 열리지 않는다. 입을 열려면 연습, 즉 "훈련"을 해야 한다. 우리나라 사람들 대부분이 언어를 배울 때 훈련하지 않는다. 주위의 시선을 부끄러워한다. 주로 눈과 귀로 습득만 할 뿐이다. 입으로 내뱉는 연습을 3개월에서 6개월 정도만 집중적으로 연습해도 일본어 회화는 된다. 이 단순한 방법이 우리나라에서는 통용되지 않는다. 입으로 연습해야지 하면서도 어느새 눈으로 보고 귀로 듣기만 하는 것에 익숙하기 때문이다.

중요한 것은 말하는 훈련을 하는 것이다. 기본적인 훈련 습관이 되어 있지 않은 상태에서 백날 눈으로 보고 들어봐야 회화는 되지 않는다. 히라가나, 가타카나를 알고 이제 일본어를 배우고자 하는 사람들은 더 이상 기초 문법책을 볼 것이 아니라 가장 쉬운 일본 애니메이션을 골라서 대사를 계속 반복 훈련해야 한다. 그래야 일본어 회화가 가능해진다.

문법을 모른다고? 단어를 모른다고? 기초 문장, 단어 등이 많이 나오는 일본 애니메이션을 한 편만 잘 반복 훈련하면 된다. 그렇게 하면 순식간에 일본어 회화 실력이 늘어난다. 이와 병행하여 기초 문법책을 같이 보면 된다. 문법책에서 보았던 내용이 실제 애니메이션에서는 어떻게 표현되는지를 같이 공부하면서 반복 훈련하면 된다.

문법책이 주 공부 도구가 아니라 애니메이션이 주 학습 도구가 되어야 한다. 말하기를 최우선으로 고려하여 반복 훈련해야 하며 기초 문법책이나 단어 등은 애니메이션에 나오는 것을 확인하면서 익혀야 한다. 그래야 실전 일본어 회화를 익힐 수 있다.

애니메이션이 중요하다고 해서 기초 문법책이 필요 없다는 것이 절대 아니다. 애니메이션에는 기본적인 설명들이 없기 때문에 애니메이션에 나오는 기초적인 어법을 문법책에서 찾아서 익혀야 한다. 또한 애니메이션에는 초보자들이 익히면 안되는 캐릭터들의 특수한 말투나 평소에는 사용하지 않는 말투가 종종 나오기 때문에 학습을 위한 애니메이션 선정도 중요하다. 왕초보는 학습에 적당한 애니메이션을 선별하는 눈을 아직 가지고 있지 않기 때문에 일본어를 잘 하는 사람이 주변에 있다면 도움을 받는 것이 좋다.

애니메이션에 익숙해지면 나중엔 본인의 실력에 따라 일본 드라마, 일본 방송 등으로 확장해 나가면 된다. 1년 뒤에 자막 없이 일본 버라이어티 방송이나 일본 광고를 볼 수 있는 본인의 흐뭇한 미래를 그려보시기 바란다.

1.5 왕초보 외국어 회화에 콘텐츠를 강조하는 이유

필자는 계속해서 콘텐츠에 대해 강조하고 있다. 제대로 된 콘텐츠, 나에게 필요한 콘텐츠는 무엇인가? 대부분은 이런 고민 없이 최신 베스트셀러나 잘 팔리는 어학 서적을 구매한다. 잘 나가는 영어 강사 누군가가 새로운 교재를 내놓으면 달려가서 구매한다. 그리고 열심히 해 보지만 어학 실력은 좀처럼 늘지 않는다. 어떤 책은 기초 말하기를 위해 문법을 강조하고 어떤 책은 회화 문장만 외우면 외국어가 늘어난다고 한다. 또 어떤 책은 반복해서 듣기만 하면 외국어가 된다고 한다. 도대체 어느 장단에 맞춰야 하는 걸까? 적어도 필자는 이 질문에 대해 다음과 같이 답하고 싶다. "열정과 흥미를 유발하는 콘텐츠를 찾아 반복하세요"라고.

위에서 나열한 책 중에서 "열정"과 "흥미"를 유발하게 하는 콘텐츠가 있다면 그것을 지속적으로 반복하면 된다. 하지만 그렇지 못한 경우에는? 장담하건대 3개월을 넘기지 못할 것이다. 열정과 흥미 외에 다른 요소가 있다면 그것은 "절박함"이다. 이 경우에는 약간 다르긴 하다. 취업을 위해 혹은 당장의 업무에 사용하기 위해 배우는 외국어도 급속한 실력 향상을 가져온다. 나의 경우에도 실제 업무를 하면서 배웠던 일본어가 지금까지도 잊히지 않는 것을 보면 분명히 그러한 부분에서도 실력을 향상시킬 수 있다.

그러나 실제 업무에서 일반인들이 외국어를 사용하는 경우가 과연 얼마나 될까? 당신은 업무에서 외국어를 활용하는가? 하루에 내 생활 중에 외국어를 사용하는 비율이 얼마나 되는가? 50 퍼센트를 넘는다고 한다면 당신은 외국어를 익히기에 최적인 환경에서 일하고 있다고 봐도 될 것이다. 그 안에서 실제 업무를 외국어로 하기 때문에 실력이 급속하게 늘어날 것이다. 하지만 그렇지 않은 대다수의 일반인은 일상 업무나 생활에서 외국어를 사용할 일이 거의 없다. 이런 상황에서 일반적인 교재로 외국어 실력이 늘어나기를 기대하는 것은 사과나무에서 사과가 떨어지기만을 기다리는 꼴이라고 할 수 있다. 그렇기에 당신이 외국어 초보자라면 본인에게 맞는 어린이용 외국어 콘텐츠를 권하고 싶다. 특히 Real Native Resource로 되어 있는 콘텐츠를 말이다.

당신의 흥미를 유발하고 열정을 불러일으키는 콘텐츠는 무엇인가? 그 콘텐츠를 찾아라. 펄떡거리며 살아 있는 콘텐츠라야 한다. 스튜디오에서 성우가 덤덤하게 녹음한 것이 아닌 실제 같은 환경에서 리얼하게 구성된 콘텐츠를 찾아야 한다. 거기에 대사나 대본까지 있으면 금상첨화다. 필자는 대본이 있는 콘텐츠를 추천한다. 초보자 수준에서는 대본이나 대사가 있어야 공부할 때 도움이 되기 때문이다.

그냥 듣기만 해서 언어 실력이 늘어난다는 것은 개인의 경험만을 강조하는 무책임한 얘기다. 무작정 듣기만 한다고 외국어가 쑥 늘어날까? 머리에 내가 저장해 둔 정보가 없는데? 듣기, 말하기, 쓰기, 읽기의 4가지 영역을 모두 골고루 공부해야 한다고 언어학자들은 말하기도 하지만 왕초보에게 모든 것을 공부하며 외국어를 습득하라고 하면 이는 그들을 너무 지치게 만드는 처사다. 우선은 듣기와 말하기 위주로 공부하면서 쓰기와 읽기를 병행하는 것이 좋다고 생각한다. 콘텐츠로 공부하다 보면 듣기, 말하기, 읽기가 자연스럽게 따라온다. 쓰기는 추후에 습득할 수도 있다. 그런 이론에 지나치게 얽매여 있는 것은 좋지 않다.

"그럼 도대체 당신이 말하는 그 콘텐츠라는 것이 무엇이냐?"라고 질문하시는 분들이 많을 듯하다. 필자가 어학 실력을 높이기 위해 주로 활용한 콘텐츠는 "비디오 게임", "애니메이션", "애니메이션에 준하는 수준을 가진 학습용 드라마", 이 정도로 대답할 수 있을 것 같다. 흔히 "비주류(덕후)"로 표현되는 콘텐츠들이다.

"열정과 흥미를 유발하는 콘텐츠가 무엇인가?"를 찾는 과정은 개개인에게 중요하다. 일드가 좋다면 일드로 꾸준히 하면 될 것이고 패턴 책이 좋다면 패턴 책으로 꾸준히 반복하면 좋다.

요는 자신의 현재 상황에 맞는 콘텐츠를 찾아 꾸준하게 반복하면 외국어 회화는 안될 것이 없다는 것. 그리고 외국어가 자연스럽게 습득된다는 것. 그것을 강조하고 싶다.

1.6 내가 일본어를 배우게 된 계기

지금으로부터 30년도 더 된 이야기이다. 초등학교 시절. 그렇다 이전에는 국민학교라고 불리던 시절. 나는 게임에 푹 빠져 있었다. 초등학교 1학년짜리가 오락실에서 50원짜리 동전을 손에 쥐고 게임을 클리어하기 위해 열중하고 있는 모습을 생각해 보라. 그런데 갑자기 서늘한 한기가 느껴지며 등뒤에서 다가오는 어두운 그림자! 나의 머리를 낚아채더니 오락실 밖으로 질질 끌고 나왔다.

그랬다. 그 이름! 바로 엄마였다.

거의 하루도 빠짐없이 집으로 끌려가서 비짜루 몽댕이로 흠씬 두들겨 맞으며 울었다. 잘못했어요 빌면서 한참을 울다 엄마도 지치면 그만두셨다. 그런데 나는 '내일은 또 어떤 게임을 하지' 하며 고민하고 있던 못된 아들이었다.

그 당시 게임은 일본 게임 일색이었다. 그 당시에는 왜 그렇게 게임이 재미가 있었던지... (물론 지금도 게임은 좋아한다. 집에는 PS3, PS4, PS Vita 등의 게임기가 잔뜩 있다.)

그런데 게임을 하다가도 신기한 것이 있었다. 바로 일본어였다. 꼬부랑 같은 글자가 게임 화면에 자주 나오는 것이다. 게임을 하다 보면 대화하는 화면이 나오는 게임도 있었는데 분명히 한글은 아닌 것이 화면에 나왔다. 사실 별거 아닌데 그 당시에는 왜 그리 오기가 생기는지. 화면에 나오는 그 글이 무슨 말인지 읽어보고 싶었다. 그 당시에는 순수한 어린아이의 호기심일 뿐이었다.

시간이 흘러흘러 중학생이 되었다. 중학생이 되어서도 나는 여전히 게임에 빠져 있었다. 세가에서 나온 메가드라이브 게임기도 가졌고 몰래 용돈을 모아 그 당시 무지하게 비쌌던 PC엔진이라는 게임기도 부모님 몰래 구매했다. 여전히 일본어가 게임 화면에서 흘러나오고 음성이 나오는 게임도 있었다. '게임에 나오는 일본어를 알아듣고 싶다'라는 열망이 점점 강해졌다. 그 열망은 어느새 나에게 일본어라는 언어를 공부하도록 시키고 있었다. 중학교 때 나는 서점에서 〈해설된 진명 표준 일본어 교본〉이라는 문법책을 샀다. 그 당시 중학교 때 학교에서 가르치는 것이라고는 영어 뿐이었고 "Hello", "Hi" 같은 수준의 영어를 배웠다. 하지만 나는 영어보다 일본어가 배우고 싶었다. 학교에서는 가르쳐주지 않아서 책을 사서 독학으로 공부했다. 히라가나, 가타카나를 그때 처음 익혔다.

나의 일본의 공부는 처음부터 난관에 부딪혔다. 히라가나, 가타카나가 왜 그리 외우기 어렵던지. 히라가나는 그나마 외우기 쉬웠는데 특히 가타카나는 외우면 외울수록 어렵다는 생각이 들었다. 히라가나와 가타카나를 배우고 완전 초보적인 문법은 책을 통해 공부했다. 그랬더니 게임에 나오는 글자들이 서서히 눈에 보이는 게 아닌가.

'야, 나도 이제 일본어를 읽을 수 있구나!', '언젠가는 일본 RPG 게임 등에 나오는 일본어를 완벽하게 이해하도록 공부해야지!' 이런 생각에 너무나 기뻤다.

뭐, 보통 아시겠지만 시작은 이런 식이다. 하지만 역시 글자 몇 개 아는 것 가지고는 일본어를 한다고 할 수 없었다. 지속적으로 공부할 수 있는 것도 아니고. 그렇게 나의 일본어 공부는 중학교 때 끝이 났다. 고등학교 때는 히라가나, 가타카나 정도 읽으면서 '아, 뭐 그런 단어군' 하는 정도였다. 가타카나를 읽으면 외국어와 어느 정도 매칭이 되니 조금은 이해할 수도 있었다. 일본어에 대단한 발전은 없었다.

하지만 일본어라는 외국어를 어릴 때부터 접하고 알고 싶다는 호기심을 가지게 되었던 건 지금 내가 일본어를 하게 된 원동력이었다는 생각이 든다. 어찌되었건 나는 현재 일본어가 어느 정도 수월해졌으니까 말이다. (고급 수준은 아니고 내가 속해 있는 클라우드 및 가상화 분야에서 비즈니스 회화에 불편함을 느끼지 않는 정도이다. 나머지 분야의 단어는 나도 잘 모른다.)

고등학교 시절을 지나 대학생 때는 일본어보다 IT에 푹 빠졌다. 취업이 급한 일이기도 했지만 그 당시에 IT가 한창 유행했었다. (1995년에 집 전화선에 인터넷을 연결하고, 화면이 나오는 것이 그렇게도 신기할 줄이야...) 그 당시 나는 경남 진주에서 학교를 다녔는데 지방에서는 IT로 먹고살기 힘들 것 같다는 생각이 들었다. 그래서 서울로 가고 싶었다. IT를 하려면 서울로 가야 한다는 막연한 동경이 있었다.

다행히 학교의 도움으로 서울에 있는 IT 회사에 연계 취업할 수 있었다. 그 회사는 IT 회사이긴 하지만 일본 기업과의 합작 회사였다. 나는 본사가 아닌 해외 개발 사업팀에서 근무하게 되었다. 개발자로서 시작한 것은 아니고 개발자들의 인프라 환경을 구축하는 역할을 수행했다. 한마디로 말하면 지원팀이었다. 지원팀은 사업부 내의 자질구레한 일을 많이 도맡아서 수행했다. 여러 가지 업무 중에 그나마 그럴듯하게 IT 업무라고 한다면 개발팀의 인프라를 구축해 주는 것이었다. 더구나 일본어도 배울 수 있었다. 이왕 이렇게 된 것 일본어를 열심히 공부해 보겠다고 다짐했다.

그런데 이제껏 내가 서점이나 외부에서 배우던 일본어와는 완전히 다른 일본어였다. 완전히 다른 일본어라고 하니 좀 이상하지만 업무에서 사용하는 용어들로 채워져 있는 매뉴얼을 기초도 없는 내가 읽기에는 무리가 있었다. 시간이 흘러 단어는 어느 정도 익숙해져서 문서를 약간 읽을 줄 아는 정도가 되었다. 하지만 일본어 회화 실력은 좀처럼 나아질 줄 몰랐다. 일본어로 말을 해본 적이 없었기 때문이다. 하지만 이후 우연히 습득한 학습법에 의해서 6개월만에 일본어 초보를 벗어나게 되었다.

언어는 어떤 것이든 같다고 생각한다. 말을 해보지 않으면 익힐 수가 없다. 페이퍼 실력으로는 문서 읽는 정도는 잘 할 수 있겠으나 실제 말을 할 수 있는 것은 아니다. TOEIC 점수가 아무리 높아도 영어 회화 실력이 늘지 않는 것처럼 일본어도 마찬가지다. 일본어 회화는 조금만 하면 금방 된다고 말들을 하는 것 같은데 그다지 신빙성은 없는 것 같다. 어순이 같다고 유리할 것 같지만 실제 내가 말을 해본 경험이 없이는 일본인과 말을 할 수 없다. 더구나 일본인의 빠른 스피드는 이해하는 것조차 힘들다. 나는 나만의 방법으로 일본어를 습득했다. 왕초보가 단기간에 일본어 회화를 하기 위해서는 반드시 Real Native Resource의 도움을 받아야 한다는 것이 내 개인적인 믿음이다. 최근 영어에는 이러한 흐름을 반영한 학습법들이 많이 나와 있으나 일본어에는 아직 많지 않은 것 같다. 더구나 단기간에 일본어 실력을 향상시키기에는 애니메이션이나 드라마보다 좋은 학습 교재는 없다고 생각한다.

> 더쿠애니가 일본어 회화 학습에 추천하는 애니 베스트 1-2

1. 이웃의 토토로

시골 마을로 이사 온 자매와 신비로운 숲의 정령인 토토로의 만남을 따뜻하고 아름답게 그린 애니메이션입니다. 일본의 스튜디오 지브리의 대표적인 감독 미야자키 하야오의 작품으로 동심과 사실적인 배경이 잘 어우러져 있습니다. 대사량이 많지 않고 쉬운 표현으로 구성되어 있습니다. 1988년 우리나라에서 88올림픽이 개최된 해에 일본에서 개봉했으며 일본내에서 약 80만 명의 관객수를 기록했습니다.

전체 줄거리 요약

한적한 시골 마을 마쓰고오에 이사온 사츠키와 메이네 가족.

엄마가 칠국산 병원에 입원해 있고 조만간에 퇴원할 날만을 손꼽아 기다리고 있다. 어느 날 메이는 우연히 도깨비인 산의 정령 토토로를 만난다. 이후 언니인 사츠키도 토토로를 만나게 되고 둘은 뛸 듯이 기뻐한다. 어느 날 칠국산 병원으로부터 한통의 전보가 오게 되고 이유를 알지 못하는 사츠키와 메이는 불안해 한다. 메이는 어머니가 걱정되어 혼자서 칠국산 병원으로 향하고 사츠키는 메이를 찾기 위해 토토로의 힘을 빌려서 메이를 찾게 된다. 사츠키와 메이는 고양이 버스를 타고 함께 칠국산 병원으로 가서 엄마, 아빠 모르게 밭에서 따온 옥수수를 건네주고 돌아온다.

이웃의 토토로 일본어 회화 공부하기

1. 종합 평가 : ★☆☆☆☆
2. 문장 난이도 : ★☆☆☆☆
3. 대사 스피드 : ★☆☆☆☆
4. 단어 수준 : ★☆☆☆☆

〈이웃의 토토로〉는 왕초보가 일본어 회화를 익히기에 아주 좋은 교과서적인 애니메이션입니다. 하지만 일본어를 처음 시작한 왕초보에게는 만만치 않을 수도 있습니다. 특히 칸타의 할머니의 경우 전형적인 시골 할머니들의 말투와 사투리라서 듣기가 어렵습니다. 이 부분만 제외한다면 등장인물들의 말투나 속도는 그다지 빠르지 않은 편입니다. 주인공인 사츠키나 메이는 대사도 있지만 의성어나 감탄사를 많이 사용합니다. 또한 대사보다는 아름다운 영상이 주를 이루기 때문에 대사의 양은 그다지 많지 않은 편입니다. 90분의 러닝타임 동안 실제 대사가 나오는 부분은 20분도 채 되지 않을 것 같습니다. 대사도 간결하고 복잡하지 않습니다.

너무나 아름답고 감동적인 이야기에 빠져들어 있다 보면 마음이 따뜻해집니다. 이런 이유 때문에 많은 분들이 여전히 〈이웃의 토토로〉 애니메이션으로 일본어 회화 공부를 시작합니다. 더쿠애니가 가장 강추하는 작품입니다.

2. 벼랑위의 포뇨

일본 지브리 스튜디오에서 2008년에 개봉한 장편 애니메이션 영화입니다. 2004년〈하울의 움직이는 성〉이후 4년 만에 미야자키 하야오 감독이 제작을 맡은 작품입니다.

바닷가 마을을 배경으로, 인간이 되고 싶어하는 소원을 가진 꼬마 물고기 '포뇨'(ポニョ)와 5살박이 소년 소스케(宗介)와의 만남을 주제로 한 이야기입니다.

한국에서만 150만 명의 관객을 동원했으며 아직까지도 지브리하면 생각나는 대표적인 애니메이션이라고 할 수 있습니다.

벼랑위의 포뇨로 일본어 회화 공부하기

1. 종합 평가 : ★★☆☆☆
2. 문장 난이도 : ★★☆☆☆
3. 대사 스피드 : ★★☆☆☆
4. 단어 수준 : ★☆☆☆☆

〈이웃의 토토로〉가 일본의 1950년대 시골 마을을 표현한데 반해서 〈벼랑위의 포뇨〉는 2000년대를 배경으로 어느 섬 마을에서 벌어지는 이야기입니다. 때문에 〈이웃의 토토로〉처럼 사투리를 쓰는 표현도 나오지 않으며 대부분 표준어를 사용합니다. 〈이웃의 토토로〉만큼 표현과 대사가 쉬운 편입니다. 물고기 포뇨와 주인공 소스케의 우정과 사랑 이야기를 다루고 있기 때문에 쉽게 이야기에 빠져들 수 있습니다. 아름다운 음악과 영상을 보고 있으면 마음이 따뜻해질 것입니다.

일본어 회화 학습 차원에서 보자면 등장인물들의 대사는 〈이웃의 토토로〉보다 많지만 문장의 난이도는 그다지 높지 않습니다. 일본어를 2-3개월 정도 학습한 분이라면 어렵지 않게 문장을 이해할 수 있을 것입니다. 빠르게 대사를 하는 캐릭터도 소스케의 엄마 정도를 제외하면 없을 정도입니다. 평범한 일상의 대사를 많이 익히고자 하는 분들이라면 〈벼랑위의 포뇨〉로 학습하면 많은 도움이 될 것입니다.

two

일본어 왕초보,
6개월이면 진짜 말할 수 있다

2.1 외국어 회화의 목표 수준을 명확히 하라

"외국어(영어)를 잘하고 싶다"

거짓말 좀 보태서 해방 이래 제일 관심이 있는 주제 중에 하나가 아닐까 싶다. 필자도 사회생활을 시작한 이후로 외국어 습득에 대한 갈증이 항상 있었다.

그런데 "외국어를 잘한다는 것" 과연 어디까지 잘하면 되는 것일까? 이 부분에서 우리는 너무 많은 강박관념을 가지고 있는 듯 하다. 필자도 영어를 잘하는 수준은 아니다. 해외에 나가면 외국인과 더듬더듬 내가 필요한 정도의 회화를 구사하는 정도라고나 할까? 생활하는 수준에서는 출장을 나가서 그렇게 불편하게 느낀 적은 없는 것 같다. (이에 반해 일본어는 프리토킹이 가능한 레벨이다.)

우리가 익힌 온실 외국어에서는 내 수준이 어느 정도라는 것을 알 수가 없다. 해외에서는 이런 것에 대한 표준을 어느 정도 기준으로 삼아 놓고 있다.

외국어를 익히고 교육시키는 것에 대한 가이드 라인인 유럽공통참고(CEFRL: Common European Framework of Reference for Language)에서는 다음 표에 제시된 레벨 별로 외국어 수준을 평가한다.

구분	수준	구체적 예
A1	일반 생활에서 자주 사용되는 간단한 언어적 표현을 이해하고 구사할 수 있다.	본인이나 타인을 소개하고, 그에 관한 기초적인 질문 및 대답을 할 수 있다.
A2	자주 사용되는 직접적으로 연계되는 언어적 표현을 이해하고, 구사할 수 있다.	사람, 직장, 주변 환경 등과 관련된 사항을 묘사할 수 있다.
B1	명확한 표준어에 대한 요점을 이해할 수 있다. 해당 언어 사용 지역에서 발생할 수 있는 상황을 간단한 언어를 사용해 극복할 수 있다.	주제와 관련해서 자신을 간단히 표현할 수 있고, 희망, 목적, 의도 등을 묘사/설명할 수 있다.
B2	세부적이고, 추상적인 보다 복잡한 글을 이해하고 일부 분야에 대해서는 전문적인 토론이 가능하다. 대화에서 큰 불편없이 즉흥적으로 유창한 의사소통이 가능하다.	주어진 문제에 관해 명확히 묘사할 수 있고, 현실적인 질문과 대답, 장단점을 제시할 수 있다.
C1	광범위한 분야의 긴 문장과 내재된 의미를 이해할 수 있다. 대화에서 즉흥적으로 유창한 의사소통이 가능하다. 직업적, 사회적 또는 학업에서 해당 언어를 효과적이고 유동적으로 사용할 수 있다.	명확하고 체계적으로 복잡한 상황을 표현하고, 적합하고 다양한 문장 연결표현을 사용한다.
C2	실질적인 모든 읽기, 듣기에서 노력 없이 이해할 수 있다. 다양한 필적, 구어적 정보를 요약하고 근거를 제시하여 설명할 수 있다. 복잡한 상황에서 즉흥적으로 매우 유창하고 정확하게 표현할 수 있다.	언어의 다양한 표현에서 세부적인 의미의 미묘한 차이를 분명히 구분할 수 있다.

이것이 절대적인 기준은 아니다. 어떻게 보면 이것도 주관적인 기준일 수 있으나 내가 현재 어디에 속하는지에 대한 가이드라인 정도는 되는 듯 하다. 다음의 CEFRL 가이드 라인을 참고해보자.

초보자(A1)를 기준으로 고급 레벨(C2)까지를 레벨 별로 나누고 있다. 위 기준으로 보았을 때 필자의 일본어 실력은 B2~C1 수준이다. (모르는 단어는 일본 사람들에게 물어가면서 장시간 대화할 수 있다.)

우리나라 대부분의 외국어 학습자는 A1 수준에도 못 미치는 경우가 많다. 이유가 뭘까? 초급자를 위한 책은 엄청나게 쏟아져 나오지만 정작 초보자들은 외국어 습득에 성공하지 못하는 경우가 많다. 너무나 많은 종류의 서적이 나오는 것도 문제가 있지만 나에게 꼭 맞는 맞춤형 콘텐츠를 찾지 못해서 실력이 늘지 않는 경우가 많다.

물론 한국에서 좀처럼 불가능한 외국인과의 실전 대화가 제일 문제일 수는 있다. 필자도 어학을 책으로만 공부하다가 실제로 외국인과 마주쳤을 때 머리가 멍해지는 경험을 무수히 겪었다. 한국에서는 이런 부분이 좀처럼 극복되기 힘든 것 같다. 그래서 해외로 유학이나 어학캠프를 가는 경우가 많다. 유창한 언어 실력을 갖고 놀아오는 경우는 좀처럼 없는 것 같지만...

각설하고, 초보자는 단기간에 B1 레벨에 해당하는 수준의 회화 실력을 갖출 수 있도록 해야 한다. 기존의 책만 보는 방식으로는 이러한 실력을 단기간에 쌓을 수 없다. 아마 문법 공부하다가 3개월, 6개월, 1년이 후딱 지나가 버릴 것이다. 단기간에 B1 레벨 수준의 회화 실력을 갖추는 것. 그것이 바로 필자가 추구하는 초보자를 위한 외국어 학습의 목적이다.

2.2 문법책은 지금 당장 덮어라

외국어는 단순하게 익혀야 한다.

말을 하려면 말을 위한 Input을 많이 집어넣어야 하는데 대한민국의 외국어 교육에는 글로 쓰여진 문법적인 Input만 너무 많다. 말하기를 위한 Input을 위해서는 일단 많이 들어야 한다.

듣는다는 것은 화면을 멍하니 보는 것을 의미하지 않으며 집중해서 듣는 것을 전제로 한다. 또한 말을 입으로 훈련하는 방식이 아닌 눈으로 입력하는 방식이다 보니 Ouput의 훈련이 너무 없는 것도 문제다.

기존의 Output 방식은 전부 점수를 확인하는 시험에 의존했다. 우리나라의 외국어 테스트 방식은 말과 토론 등으로 외국어 실력을 확인하는 것이 아닌 종이에 쓰여진 글로 테스트해 왔던 것이 전부였다.

책에 쓰여진 것만 테스트하고자 하니 결국은 사지선다 혹은 주관식 문제로 쓰기만 하는 시험이 발전했다. 최근에는 토익스피킹, SJPT 등의 말하기 시험으로 전환되고 있는 추세이긴 하지만 여전히 글로 쓰여진 문법책은 서점가에서 지속적인 인기를 누리고 있다.

이제는 정말 방법을 바꿀 때다. 말을 말로서 배울 수 있는 교재가 지속적으로 나와야 한다. 문법적인 글로 가득찬 내용이 아니라 실제 말로서 언어를 배울 수 있는 방법을 찾아야 한다.

기초 문법책으로만 일본어에 접근하는 방식은 더 이상 답이 아니다. 이미 알고 있으면서도 초보자들은 문법책을 습관적으로 구입한다. JPT 및 JLPT 같은 시험을 치기 위해 문법책이 꼭 필요하기 때문이다. 물론 학생들은 점수를 잘 받아서 본인의 스펙에 도움이 되어야 취업을 할 수 있기 때문에 문법책을 사야 하는 상황이다. 이러한 환경에서는 아무리 문법책을 사지 말고 말을 배우는 것부터 시작하라는 필자의 말이 허황되게 들릴 수 있다.

하지만 그 끈을 이제부터는 끊어야 한다. 언제까지 시험으로만 말을 배울 것인가? 평생 글로만 외국어를 배울 셈인가? 문법책을 보면 볼수록 문법에 의존하게 된다. 기초 문법책을 보면 다음 레벨의 문법책을 보아야 하고 그 다음에는 고급 문법책을 보아야 한다.

계속해서 모르는 문법 사항이 나오기 때문에 그 내용을 모르면 시험에서 좋은 점수를 받을 수 없다는 불안감이 조성된다.

당신은 우리나라에서 일본어 문법 학자가 되고 싶은가? 아니면 일본어를 배워서 일본 사람들과 대화하고 그 나라의 문화와 우리나라에 대해 말할 수 있는 글로벌 인재가 되고 싶은가. 우리나라 사람들이 한글 문법에 관심이 별로 없듯이 일본 사람들도 자기 나라의 문법을 논하는 일에 별로 관심이 없다.

영어도 마찬가지다. 우리가 그렇게 열심히 영문법을 공부하고 시험을 치지만 미국 사람과 만나서 문법에 관련된 이야기를 하고 있을 것인가? 도대체 무엇을 위해 그렇게 문법 공부를 열심히 한단 말인가? 시험을 위한 점수를 받기 위해 문법을 공부하고 점수를 받지만 막상 회사에 들어가면 영어 회화나 일본어 회화를 하지 못하는 오늘날의 현실은 문법 중심 공부 방식의 단점을 극명하게 보여주고 있다.

그럼에도 불구하고 아직도 수많은 사람들은 언어를 시작할 때 문법책을 먼저 보아야 한다는 선입관에 사로잡혀 있다.

이제부터라도 문법책은 덮어라! 쉬운 애니메이션이나 드라마로 외국어를 시작하라. 왕초보자는 애니메이션으로, 중급 입문자는 드라마로 계속해서 반복하라.

더 이상 프리토킹 등의 말하기 훈련을 위해 학원에 의존하지 마라. 혼자서도 충분히 콘텐츠를 만들어 연습할 수 있다. 문법책이 더 이상 주 교재가 아니고, 문법책은 단순한 보조 교재의 역할만 해야 한다. 그렇지 않고 주객이 전도되면 현재의 우리와 같이 말이 아닌 글로만 외국어를 배워서 말 한마디도 못하는 기이한 상황이 계속해서 연출될 것이다.

언어는 말로 배워야 한다. 문법책으로 배우는 것이 아니다. 듣고 말하고, 말한 것을 계속해서 써먹어야 외국어 실력이 성장한다. 한국에서 써먹을 대상이 없다고 말하기 훈련을 소홀히 해서는 안 된다. 말하기 훈련은 한국에서도 가능하고 일본에서도 가능하고 미국에서도 가능하다. 열심히 훈련하고 실전에서 일본인들과 대화할 수 있도록 필자가 제시하는 방식으로 지금부터라도 훈련하라.

2.3 왕초보 3개월은 듣기에 집중하라

일본어를 처음 시작하는 시기에는 애니메이션이나 드라마를 통해 일본어를 계속 들을 필요가 있다. 처음 시작할 때 가장 멀리 해야 할 일은 텍스트로 된 일본어를 눈으로 보기만 하는 것이다.

대부분의 사람들이 언어를 처음 배우기 시작할 때 실패하는 이유는 언어를 눈으로 배우기 때문이다. 언어를 눈으로 배운다는 것은 결국 문법부터 시작한다는 것을 의미한다. 문법을 먼저 배우면 일단 언어에 대한 이해도는 높아진다. 하지만 딱 거기까지다. 그 이상이 이루어지지 않는다. 회화를 하기 위해서는 일단 듣고 말하는 것이 우선이건만 우리나라의 외국어 습득은 일단 문법부터 이루어진다. 서점에 있는 거의 대부분의 교재들이 문법부터 시작한다. 문법부터 하지 않으면 마치 큰일 날 것처럼 모든 교재에서 문법과 단어부터 외우라고 한다.

대체 왜 이렇게 이상한 교육 방식이 생겨난 것일까?

언어는 언어로써 배워야 한다. 전 세계 어디를 뒤져봐도 문법부터 공부하는 나라는 우리나라와 일본뿐이다. 일본의 문법 학습의 잔재가 우리에게는 너무나도 오랫동안 뿌리깊게 내려져 있다. 아시아에서 우리와 일본이 영어를 제대로 익히지 못하는 이유가 여기에 있다.

일제 시대의 영향만 아니었어도 우리는 외국어를 배움에 있어 자연스럽게 듣고 말하기를 먼저 배웠을지도 모른다. 하지만 일제 지배의 잔재는 우리의 말하기 습득 기회를 30년 이상 빼앗아가 버렸다. 뒤늦게 여러 가지 좋은 방법들이 생겨나고는 있지만 우리의 학교나 학원에서는 여전히 문법을 먼저 가르친다. 가르치기 편하기 때문일 수도 있고 문법을 통한 스킬이 스펙이 되는 시대이다보니 외국어=점수라는 공식이 깨지지 않고 있다.

영어가 이렇다 보니 다른 언어도 마찬가지다. 배우기 쉽다는 일본어도 이런 방식에서 벗어나지 못하고 있다. 일본어를 배우기 위해 듣고 말하기를 먼저 하는 것이 아니라 문법책을 먼저 접하게 된다. 일본어의 형태가 어떻고 발음이 어떻고 촉음은 어떨 때 발음이 나고 등을 먼저 배운다. 처음부터 배우지 않아도 될 것들을 장황하게 나열한다. 관용어는 외워야 하고 동사의 변화는 이럴 때 저럴 때 다르다는 등 예외부터 외우게 한다.

문법이 필요한 것은 사실이다. 필자도 문법이 필요하다는 것에 동의한다. 그러나 그것은 어느 정도 말이 되고 난 다음의 문제다.

말이 어느 정도 되고 문법에 대해 정말 궁금해질 때 문법을 공부하면 되는 것이다. 애니메이션으로 일본어를 배울 때에도 기초적인 문법은 필요하다고 언급하지만 이것은 어디까지나 말을 하기 위해 필요한 최소한의 부분만을 말하는 것이다. 그리고 문법만 배우는 것에 필자는 찬성하지 않는다. 대화를 통해, 장면을 통해 그 상황에 쓰인 말의 용법을 이해한다면 굳이 문법을 따로 공부해야 할 필요가 없다. 따라서 필자는 문법은 아주 최소한의 부분만 공부하고 일단 애니메이션을 듣는 것을 추천한다.

애니메이션만 본다고 해서 멍하니 화면만 보고 있으면 안된다. 전체적인 흐름을 파악하면서 보아야 한다. 그래서 반복 청취 훈련 프로그램이 필요하다. 집중 반복 듣기가 바로 그것인데 이것은 추후에 다시 설명할 기회가 있을 것이다.

장면을 집중적으로 들음과 동시에 장면에 나온 단어들 그리고 그에 따른 문장 형태에 익숙해져야 한다. 우리가 문법이라고 부르는 그것이다. 문법을 공부하지 말라는 것이 아니라 실제 쓰이는 말과 형태를 실제 원어민이 발음하는 문장 그대로 흡수해야 한다는 것이다.

이런 집중 트레이닝을 통해 듣는 훈련은 화면을 넋 놓고 바라만 보는 듣기보다 엄청난 효과를 낸다. 이전에는 동영상 플레이어만 가지고 단순히 키보드 화살표 키로 왔다갔다만 했지만 기술 발전으로 마우스 클릭만으로 훈련할 수 있는 세상이 되었다. 이렇게 집중 듣기 트레이닝을 하다 보면 우리의 뇌에 문장이 쌓이게 되고 그 문장은 뇌리에 강하게 기억된다. 그리고 내가 알고 있는 일본어 문장이 자연스럽게 늘어난다. 그 후에는 그 문장을 일본어로 말하고 싶은 강렬한 욕망에 쌓이게 된다. 입으로 내 뱉을 수 있는 문장이 많아진다.

이 기간을 필자는 3개월 정도로 생각한다. 한 애니메이션의 여러 장면을 3개월 정도만 집중해서 꾸준하게 들으면 된다. 3개월 정도면 기본적인 일본어 회화를 들을 수 있을 정도가 되며 슬슬 다른 애니메이션을 들어도 어느 정도 이해할 수 있는 수준에 오른다. 중요한 것은 일단은 하나의 애니메이션만 반복해야 한다는 것이며 3개월을 넘기기 전까지는 다른 애니메이션을 보아서는 안 된다.

여러 애니메이션을 한꺼번에 섞어서 보면 반복되는 문장의 범위가 너무 넓어지기 때문에 처음 시작하는 초보자에게는 도움이 되지 않는다. 시리즈물이나 90분 정도의 애니메이션 영화 한 편이면 좋다.

3개월 동안 같은 내용의 일본어를 집중해서 들으면 일본어가 우리 귀에서 흘러넘치는 상황이 온다. 그런 상황이 되기까지 3개월만 견뎌라. 지루하더라도 3개월만 꾸준히 들으면 일본어가 서서히 들리는 시기가 반드시 온다. 오늘부터 하루에 1시간만 미치도록 좋아하는 애니메이션을 찾아 듣기에 집중해 보자.

2.4 점잖은 일본어 회화는 이제 그만!

시중에 나와 있는 일본어 회화 교재들을 유심히 보면 대부분의 경우 초보자 교재로 이루어져 있다. 대부분의 어학 교재가 그렇듯이 중급자용 어학 교재보다는 초급자용 어학 교재의 수요가 많은 법이다. 하지만 대부분의 일본어 회화 책의 문장을 보면 ～です와 ～ます 같이 '～입니다'의 존경체로 끝나는 경우가 대부분이다.

어학을 배우는 입장의 초보자들을 고려한다면 이러한 존경체를 사용하는 것이 당연해 보일 수도 있다. 하지만 곰곰이 생각해보자. 우리가 일상생활에서 사용하는 회화가 모두 존경체인가? 우리가 말을 하다 보면 존경어도 섞여 있고 반말도 섞여 있고 중간적인 말투도 섞여 있다. 영어책은 그러한 구분이 없다고 치자. 그러나 일본어는 우리말처럼 반말과 존경체가 확실히 나뉜다. 하지만 일상생활에서는 대부분 존경체가 아닌 반말체에 가까운 말을 쓴다. 존경체를 사용해야 하는 경우가 과연 얼마나 많이 있을까?

"엄마, 밥 줘", "친구야 학교 가자" 등 일상에서 만나는 주변 인물들에게는 반말체를 많이 사용할 것이다. 그럼에도 불구하고 거의 모든 어학책들은 존경체로 문장을 만든다. 물론 이해한다. 이제 어학을 배우는 사람들이 어설프게 반말체를 배워서 주위에 사용하면 건방지다고 생각한다. 어설픈 일본어가 나올 수 있다. 존경체를 쓰지 말자는 것은 결코 아니다. 단지 너무나 많은 책들이 존경체 위주로 제작되어 있다 보니 일본 사람들이 실제로 말하는 어체를 이해하지 못하는 경우가 많다. 일본 드라마나 애니메이션으로 공부하기 어렵다고 말하지만 곰곰이 생각해 보라. 그것이 실제 그네들이 사용하는 평범한 일본어다. 그런 평범한 일본어를 이해하지 못하고 ~です나 ~ます 등이 들어간 문장들만 공부를 하다 보니 일본어 회화 실력이 늘지 않는 것이다.

한자 때문에 어렵다고 한다면 한자 공부를 안 해서 그렇다. 한자 공부해라! 기초 문법이나 최소한의 기본 문장 및 한자는 당연히 배워야 한다. 그런데 그 이상을 넘어가기 시작하면 어려워한다. 일본인들이 실제 사용하는 어체에 익숙하지 않기 때문이다. 이런 것들은 일반 서점에서 판매하는 책들로는 이해하기 어려운 부분이다.

서점에 가보면 "드라마로 배우는 일본어" 같은 종류의 책들을 볼 수 있는데 이들 책은 초보자 입장에서 쓰였다기보다는 기초 일본어가 이해되고 일본어를 약간 말할 줄 아는 사람들을 위한 표현

위주로 구성되어 있다. 결국 볼 사람만 보라는 것이다. 최근에 나오는 영어 회화 책들이 미드에 치중되어 있는 데에 반해 일본어의 경우 영어책만큼 다양한 책들이 아직 나오지 않고 있는 듯해서 안타깝다. 영어보다 일본어가 인기 있는 언어는 아니며 최근에는 중국어에 많은 관심이 있다 보니 다양한 책들이 나오지 않는 듯하다.

하고 싶은 말은 결국 이거다. "가리지 말자". 이것저것 다양하게 들어보고 경험해 보아야 한다. 진짜 일본어 회화 실력을 키우고 싶거든 서점에 있는 일반 "OO 기초 일본어", "JLPT" 등의 책을 벗어나라.

좀 더 현실성 있는 콘텐츠를 가지고 공부하라. 그래야 진짜 실력이 늘고 일본인과의 대화가 가능해진다. 그러나 일본어 회화를 배워서 비즈니스를 주로 하려면 존경체를 열심히 공부해야 한다. 이건 당연하다. 그렇지 않고 일본인 친구와 사귀기 위한 사교용으로, 또는 일상생활용으로 배우고 싶다면? 존경체만 가득한 일반 책은 이제 그만~!

일본인들이 실제로 사용하는 콘텐츠를 반복해서 듣고 말해 보아야 한다. 그것도 하루 이틀이 아닌 1년 혹은 몇 년을 공부할 콘텐츠를 말이다. 그런 콘텐츠! 당신은 가지고 있나'?

2.5 회화가 중요하면 학습용 애니메이션으로 공부하라

(이 글은 일본어보다는 외국어(영어) 교재를 중심으로 한 글로써 일본어도 동일하게 적용됩니다.)

요즘은 초등학교부터 영어를 시작하지만 지금 40대가 된 세대는 중학교부터 영어 공부를 시작했다. "Hello", "Hi, 철수", "Hi, 미나" 같은 기초 인사말부터 시작했다. 중학교는 고등학교처럼 문법에 대한 중요도가 큰 편이 아니어서 문법에 스트레스를 받지는 않았다. 하지만 그 당시에 중학교 영어 선생님들의 영어 발음이 그렇게 우수하지는 않았다. 학교에서 영어 선생님으로 있으니 책에 있는 것만 가르치면 된다라는 생각으로 임했던 것 같다. 입시 위주 환경에서 입시에 맞는 문법을 습득시키는 게 중요하다는 것이 그 당시의 분위기였으니 말이다.

사실 지금도 별반 다르지는 않다. 회화가 중요해졌다고 하지만 입시를 위해서는 여전히 문법이 아주 중요하다. 아직도 문법 위주의 영어 학습에서 벗어나지 못하는 현실! 솔직히 사회에 나오면 문법 따위는 별 소용이 없다.

수학을 예로 들어 보자. 수학이 중요하지 않다는 것은 아니지만 우리가 사회에 나와서 수학에 나오는 어려운 공식을 사용할 일이 있을까? 미분? 적분? 회사 생활하면서 사용해 본 적이 있나? 영어도 마찬가지다. 복잡한 인칭 대명사, 가정법, 복수 절, 기타 예외 사항들.

무수한 문법적인 사항들을 고등학교, 심지어 대학교에서는 토익 점수를 위해 배워야 한다. 그런데 이런 것들이 이제는 초등학교까지 내려오고 있다.

도대체 무엇을 하고 싶은가? 영어 문법을 공부하기 위해? 그런 것은 단연코 아닐 것이다.

영어 배워서 뭐하려고? 학교에서 배우라고 해서? 시험 잘 쳐서 대기업에 들어가야 하니까? 무엇 때문에 영어를 배워야 하는지 잘 생각해 보시기 바란다. 그리고 이왕 외국어를 꼭 배워야 한다면 재미있는 걸로 하는 게 좋다.

현실이 그렇지 못하다고? 그럼 문법을 계속 공부하면 된다. 우리나라는 아직 문법이나 토익 점수로 평가하는 나라니까 말이다. (스피킹으로 조금씩 바뀌고 있는 건 환영할 일이지만 스피킹 테스트도 결국은 Template 싸움에 점수로 평가하는 현실이 슬프지만...) 하지만 다행히도 최근에는 말하기 자체에 대한 관심들이 많아졌다. 그중에서도 미드에 대한 책들은 하루가 멀다 하고 쏟아져 나오고 있다.

필자가 눈여겨 본 건 "일빵빵영어회화"였다. 이전부터 필자도 프렌즈를 가지고 공부를 해보고 싶었는데 대본이나 해석이 제대로 되어 있는 자료가 없었다. 그런데 이 책을 보니 다른 책들과는 달리 프렌즈 에피소드 별 대본으로 정리해 놓고 패턴이나 주요 표현들을 알려주는 방식이었다. 내용을 알게 되면 프렌즈 미드도 즐겁게 볼 수 있는 좋은 책이었던 것 같다. 이 책이 히트를 친 이후에 일빵빵 시리즈는 초보 책도 출간했다.

그외 시원스쿨의 이시원 대표가 출간한 왕초보스쿨 책들도 정말 좋은 말하기 교재이다. 알고는 있지만 왕초보는 말하는 훈련이 필요하다는 것을 절실히 느꼈다.

하지만 뭔가 좀 아쉬웠다. 필자가 추구하는 쪽은 Native Resource이다. 살아있는 영어 재료로 공부하는 것이다.

박정원 강사나 윤재성 대표와 같은 소리 영어가 Real Native Resource로 하는 영어이다. 소리 및 실제 회화를 중심으로 영어를 익히는 방식이다. 사실 이게 당연한 것이다. 하지만 우리는 이런 방식에 익숙하지 않다.

필자 주위를 보면 영어로 말할 기회도 없고 외국인과 대화할 기회가 거의 없다. 필자 또래의 40대 이상의 성인들은 업무상 영어로 말하는 경우가 아니면 더더욱 영어로 대화할 기회가 없을 것이다.

그래서일까? 미드가 인기가 있는 이유가 여기에 있는 것 같다. 실제 미국 배우들이 나와서 원음으로 모든 내용을 들려주니 그 상황에 빠져들고 내용도 재미있으니 인기를 끄는 것이다. 거기에 영어 회화까지 배울 수 있으니 일석삼조이다.

필자는 다른 영어 전문가들처럼 영어를 잘 하는 사람은 아니다. 비즈니스 출장 갔을 때 불편함 없이 의사소통할 수 있는 수준이다. (누구를 가르쳐본 적도 없고 영어로 발음하는 것도 아직 많이 서툴다. 서툴지만 이제 영어 커뮤니케이션을 약간 즐기는 단계라고 보면 될 것 같다.) 최근에는 필자만의 미드(?) 콘텐츠로 공부를 하고 있다. (필자는 애니메이션을 통한 회화 공부에 집중하고 있다. 애니메이션이라고 우습게 보면 곤란하다. 공부를 위한 수단으로 보면 정말 좋은 콘텐츠들이 너무나 많다.)

모든 컨텐츠는 미국 배우의 원음을 들으며 연습해야 한다는 것이 필자의 생각이다. 그러한 트레이닝을 하기에 NativeBox 같은 프로그램이 가장 적당하다. 게다가 이런 훌륭한 프로그램이 무료이기 때문에 무한 반복하여 영어를 내 것으로 만들 수 있다.

2.6 잘 만든 대본 하나, 당신의 일본어 실력을 높여준다

애니메이션으로 공부를 하려면 대사 스크립트의 품질에 신경을 쓸 필요가 있다. 일반적으로 카페나 사이트에서 얻을 수 있는 한글 자막은 전문 번역가가 만든 것이 아니라 공유를 위해 일반인이 취미로 만든 자막이다.

자막을 만드는 사람이 전문가가 아닌 경우 잘 이해되지 않는 부분을 생략하거나 의역하는 경우가 종종 있다. 심지어 제대로 된 해석을 하지 않고 넘어가거나 내용을 넘겨짚어서 번역하는 경우도 많다. 대부분의 애니메이션에는 일본어 자막이 없기 때문에 이러한 부분을 확인할 수도 없으며 설사 확인한다고 해도 그리 신경 쓰지도 않는다.

하지만 자막을 가지고 회화 훈련을 한다면 상황은 달라진다. 실제 말하기 훈련을 위해서는 해석이 잘 되어 있는 품질 좋은 대본(대사 스크립트)이 필요하다. 더구나 한글 자막만으로는 말하기 훈련이 힘들기 때문에 반드시 일본어 대본이 필요하다. 하지만 대부분의 애니메이션에는 일본어 대본이 없기 때문에 일본어를 애니메이션으로 배우고 싶어도 선뜻 진행하기가 어렵다.

바로 이런 점에서 애니메이션으로 회화 공부를 하기 위해서는 제대로 된 일본어 대본이 반드시 필요하다. 필자는 앞으로 애니메이션 회화 공부를 위해 일본어 대본을 많이 만들 계획이다. 애니메이션의 일한 대본을 많이 만들면 보다 많은 사람이 애니메이션으로 회화 공부를 할 수 있고 더불어 일본어 한자 공부도 애니메이션 속에서 배울 수 있기 때문에 여러 가지 장점이 있다.

대본을 만들 때 주의할 점은 한자의 히라가나 혹은 가타카나 표기를 반드시 포함시켜야 한다는 것이다. 또한 회화 훈련을 위해서는 가능한 폭력적인 말이 많이 들어간 애니메이션보다는 생활 일본어를 많이 배울 수 있는 애니메이션이 좋다.

단순히 즐기기 위해 제작한다면야 어떤 애니메이션이라도 상관없겠으나 학습을 위한 대본을 제작한다면 일상생활에 사용할 수 있는 문장들이 많은 애니메이션을 선택하자.

대본을 스스로 만들기 어렵다면 일본어를 잘하는 사람에게 해당 씬의 대본만 만들어 달라고 부탁하는 것도 나쁘지 않다. 본인의 일본어에 대한 열정을 알면 흔쾌히 만들어 줄 것이다. 이렇게 만들어진 대본은 추후에 하게 될 말하기 훈련에서 중요한 역할을 하게 된다.

품질 좋은 대본을 많이 확보하면 확보할수록 일본어 말하기를 위한 중요한 리소스가 풍부해진다. 이제부터는 책에 나오는 단순한 문장을 수집할 것이 아니라 당신이 볼 혹은 보고 싶은 애니메이션의 일본어 대본을 수집하는 콜렉터가 되어라.

영상만 보아서도 안되고 대본만 있어서도 안된다. 영상과 대본이 합쳐질 때 비로소 말하기 훈련을 수행할 수 있기 때문에 이러한 대본을 구하는 일은 상당히 중요하다. 만약 어딘가에서 대본을 구하기 힘들다면 4장에서 설명할 만화책을 통해 대사 스크립트를 직접 만드는 것도 추천하는 바이다.

기억하라. 잘 만들어진 대본이야 말로 당신의 일본어 실력을 성장시킬 원동력이라는 것을.

2.7 재미있는 애니메이션 말하기 훈련으로 학습의 집중도를 높여라

일본어를 학습하는 방법은 수없이 많다. 학원을 통해 공부하는 사람, 일본어 능력 시험을 공부하는 사람, 일본인 친구와의 교류를 통해 공부하는 사람 등, 수없이 많은 사람이 굉장히 다양한 방법으로 일본어를 공부한다. 일본어는 여전히 매력적인 언어이다. 우리말 어순과 비슷해서 배우기 쉽다는 것도 장점이다.

하지만 중급으로 가는 길은 쉽지 않다. 중급으로 올라가려면 듣기 및 말하기 수준부터 달라져야 한다. 비즈니스 일본어에 대한 압박도 다가온다. 자기의 전문 분야에서 전문적인 일본어를 구사하기 위해서는 전문 용어도 배워야 하고 경어 및 존댓말도 익혀야 한다.

초급 차원에서의 일본어는 쉽게 하다가도 중급으로 올라서려고 하면 일본어 회화 실력을 어떻게 올려야 할지 고민하는 사람들이 많다. 일본으로 어학 연수도 갔다 오고 워홀로 1년 간 일본에 가서 살기도 한다. 대부분의 해외 어학 연수가 그렇듯이 일본어를 사용할 수 있는 환경에 따라 일본어가 크게 느는 사람도 있고 주어진 일만 하다가 실력은 늘지 않고 그냥 돌아오는 경우도 있다.

최근에는 영어를 미국 드라마 즉, 미드로 많이 배운다. 미드의 장점은 다양하다. 미국 배우들의 실제 연기를 통해 그네들의 억양이나 발음 및 말의 스피드 등에 익숙해질 수 있다. 요즘 소리 영어나 스피킹 맥스 같은 방법들이 인기 있는 이유와 일맥상통한다.

필자는 일본어도 마찬가지라고 생각한다. 10년 전에도 일본 애니메이션을 통해 일본어를 잠시 배웠던 적이 있었다. 일본 애니의 대본을 출력해서 함께 익히는 동아리였다. 그런데 글로만 익히니 재미가 그다지 없었다. 동영상을 번갈아 보면서 공부하기는 했으나 공부는 공부로 끝났다. 1-2달 정도 하다가 포기했다. 나에게는 그다지 맞지 않는 방법이었다. 혼자서 독학을 하려고도 했으나 공부라는 것에 얽매여서 그런지 초보 수준에서 머물고 말았다.

그러다가 어느 순간 일본 애니메이션을 반복해서 보게 되었다. 좋아하는 애니메이션은 10번이고 20번이고 돌려 보았다. 100번을 반복 습득해서 완전히 외우는 학생들의 사례도 본 적이 있다. 필자는 그 정도까지는 아니었지만 충분히 효과가 있었다. 그런데 어느 날 이런 생각이 들었다. "반복을 하더라도 좀 더 효율적으로 반복하는 방법은 없을까?"

외국어로 프리토킹을 하기 위해서는 1000 문장 정도를 체화시켜야 한다고 한다. 그렇게 하기 위해 기초 문법책이나 문장만 나열된 회화책만 본다면 얼마나 지루할까? 더구나 조각조각난 이어지지 않는 문장만으로 1000 문장을 외우기만 한다면 그 문장을 언제 어떤 상황에서 말해야 할지 알 수 없을 것이다. 하지만 영화나 애니메이션의 경우 하나의 일관된 스토리가 제공된다. 그 스토리 속에 각 문장들이 녹아들어 있기 때문에 그 문장을 사용할 때의 상황을 떠올릴 수 있다. 재미있는 애니메이션을 보면서 학습하면 스토리를 기억하면서 말하기 반복 훈련을 하고, 문장도 자연스럽게 흡수할 수 있다.

이렇게 본인이 좋아하는, 아니 미치도록 좋아하는 애니메이션이 있다면 딱 6개월 동안만 훈련해보라. 본인이 좋아하는 애니메이션의 주인공의 대사를 저절로 따라하게 되고 어느새 자신도 모르게 현실에서 그 주인공과 비슷한 상황에서 비슷한 대화를 할 수 있게 된다. 물론 현실에서는 사용하지 말아야 할 비속어나 축약어 등을 배울 수도 있지만 어느 정도 듣다 보면 실제 내가 해야 할 말과 하지 말아야 할 문장들을 걸러낼 수 있는 힘이 생기므로 그리 크게 걱정할 부분은 아니다. 딱 6개월만 애니메이션 일본어 회화에 투자해 보자.

> 더쿠애니가 일본어 회화 학습에 추천하는 애니 베스트 3

3. 도라에몽

2010년 기준으로 전 세계 누적 판매 부수 2억 1천만 부를 자랑하는 〈도라에몽〉의 전설은 1969년 일본 쇼가쿠칸(小館)에서 발행한 어린이 잡지의 단편 만화로 시작되었습니다. 애완용 고양이와 장난감 오뚜기를 결합시킨 아이디어로 탄생한 도라에몽은 22세기의 후손이, 무얼 해도 풀리지 않는 열등생, '찌질이' 초등학생 조상을 돕기 위해 파견한 일종의 만능 로봇 이야기입니다. 초등학교와 동네 공터가 주 무대이고 등장하는 이들이 초등학생이라는 현실적 배경 위에 비밀의 4차원 주머니 속에서 마법처럼 도구들을 꺼내놓는 도라에몽의 활약이 재미나게 이어집니다.

생활 일본어가 대부분이므로 우리 주변에서 발생하는 일들에 대한 일상 용어들을 익힐 수 있습니다. 일본어 학습에 이보다 적합한 애니메이션은 없을 정도입니다. (비슷한 애니로 〈아따맘마〉, 〈크레용신짱(짱구)〉 등이 있습니다.) 원작자는 죽었지만 매년 꾸준히 극장판이 나올 정도로 일본에서는 대표적인 캐릭터입니다. 우리나라에서도 극장판이 나올 때마다 아이들에게 높은 인기를 누리고 있습니다.

도라에몽으로 일본어 회화 공부하기

1. 종합 평가 : ★★★☆☆
2. 문장 난이도 : ★★☆☆☆
3. 대사 스피드 : ★★★☆☆
4. 단어 수준 : ★★★☆☆

〈도라에몽〉은 노비타와 도라에몽을 중심으로 초등학생들의 일상 생활에서 벌어지는 일들을 다룬 이야기입니다. 평범할 것 같지만 모든 에피소드는 도라에몽의 주머니에서 나오는 신기한 물건들 때문에 일어납니다. 이 때문에 평범한 것 같지만 평범하지 않은 단어들이나 문장들이 많이 나옵니다.

따라서 쉬운 애니라고 생각해서 〈도라에몽〉으로 일본어를 처음 배우겠다고 생각하신다면 큰 착각이라고 말씀드리고 싶습니다. 개인적인 평가로는 왕초보 기준으로 별 3개에 해당하는 난이도라고 생각하는 편이니까요. 따라서 아무리 〈도라에몽〉을 좋아한다고 해도 처음 시작하는 학습 교재로 〈도라에몽〉을 선택하는 우를 범하지는 마시기 바랍니다.

적어도 일본어를 꾸준히 공부해 온 초보자로 몇 마디 정도의 일본어 회화가 가능한 분이라면 〈도라에몽〉 애니메이션으로 일본어 회화에 도전해 보아도 좋을 것 같습니다. 당장이라도 생활에서 사용할 수 있는 일본어 회화가 잔뜩 들어 있으며 단어나 문장의 난이도도 적당하므로 본 애니메이션으로 학습한다면 일본어 회화 실력을 단기간에 높일 수 있습니다.

캐릭터들이 15분 간 쉴새없이 대사를 내뱉기 때문에 15분의 대사량은 〈이웃의 토토로〉나 〈벼랑위의 포뇨〉와 같은 애니메이션 극장판에 맞먹습니다. 꾸준히 학습하다 보면 단기간에 큰 효과를 얻을 수 있는 애니메이션이라고 할 수 있습니다. 물론 재미도 보장합니다.

현재 유튜브 "더쿠애니" 채널에서 〈도라에몽〉 일본어 무료 강의를 진행하고 있으니 〈도라에몽〉으로 일본어를 학습해 보고자 하는 분들에게 조금이나마 도움이 될 것이라고 생각합니다.

three

해도 해도 일본어가 안 늘어요

3.1 일본어 회화에 실패하는 이유

일본어를 배우려는 많은 왕초보들 중에서 일본어가 잘 되지 않아 포기하는 사람들을 주위에서 종종 본다. 그 이유가 무엇일까? 필자는 그 이유를 다음과 같이 정리한다.

첫 번째, 일본어를 시험으로만 접했다.

일본어를 점수를 얻기 위한 도구로만 생각했다. 문법만 공부하고 실제로 필요한 듣기, 말하기는 소홀히 했다.

두 번째, 일본어 연습을 입으로 하지 않고 눈으로만 했다.

입으로 말해 보지 않으면 들리지 않는다. 눈으로 보기만 해서는 발음을 알아듣기 힘든 경우가 많다. 나 스스로 입을 열어 발음을 해봐야지만 어려운 발음도 척척 말할수 있다.

세 번째, 정직한 발음의 느린 일본어로만 들었다.

실제 원어민의 스피드로 말하는 것을 들어보지 않고 스튜디오에서 깨끗하게 천천히 녹음된 파일만 들었다.

마지막으로, 너무 정직한 문장만 배웠다.

어학 기초 교재들을 보면 다양한 어투나 어체보다는 한결같이 '~합니다'나 '~입니다' 같은 존중체나 정중체로만 구성되어 있다. 우리가 일상생활에서 사용하는 말투는 어른들이나 모르는 사람들만을 대상으로 하는 것이 아닌 일상에서 지인들이나 가족 간에 사용하는 말이 가장 많다. 나이 어린 후배들이나 친구들에게도 '~입니다'나 '~합니다' 같은 말투는 쓰지 않을 것이다. 이런 교과서적인 대답으로는 제대로 된 일본어를 할 수 없다. 우리말도 지인들에게 하는 반말과 모르는 사람에게 사용하는 정중체가 서로 다르지 않은가.

일본어는 쉽다고들 흔히 말한다. 영어와 달리 어순이 우리말과 같다. 그럼에도 불구하고 일본어가 되지 않는다고 호소하는 사람들이 많다. 이쯤되면 어순만의 문제는 아닌 것이다. 배우는 방법이 잘못된 것이다.

한자가 초보자들을 괴롭힌다고 하지만 초보 시절에는 한자로 너무 스트레스 받을 필요가 없다. 내 주위에서 사용하는 한자만 익히면 된다. 그런데 시험 위주 교육에서는 1800자 등의 한자를 외우기를 권장한다. 초보자들은 이때부터 지친다.

필요한 건 시험 치기 위한 공부가 아니라 듣고 말하기 위한 방법인데 마치 '한자를 많이 알면 마냥 좋다'라는 식으로 초보자들을 혼란스럽게 한다. 너무나 많은 선택지의 책들이 일본어 회화를 하는 데 오히려 방해된다.

이제 단순하게 배워야 한다. 단순하고 직관적으로 우리의 진짜 일본어 말하기 실력을 높여줄 방법을 찾자. 1년, 2년을 반복하라는 것이 아니다. 일본어 회화의 기초 향상을 위해 딱 6개월만 투자하라. 처음에는 힘들고 진도가 잘 나가지 않고 누군가의 도움을 받아야 하지만 익숙해지면 혼자서도 스스로 해 나갈 수 있다.

3.2 히라가나, 가타카나 외우기 너무 힘들어!

일본어 왕초보의 경우 항상 고민하는 것 한 가지는 바로 히라가나와 가타카나를 외우는 것이다. 모든 언어의 출발점이 그 나라의 글자들을 알아야 하는 것이기에 어떤 누구도 피해갈 수 없다.

필자도 초등학교 6학년 어린 시절에 히라가나와 가타카나를 외워보려고 무던히도 애를 썼다. 하지만 히라가나는 어떻게 외웠는데 가타카나가 좀처럼 외워지지 않았다. 억지로 외우려고 하니 잘 되지 않는 것이었다. '내 머리가 이렇게 안좋은가'라고 스스로 많이도 좌절했었다.

어린 마음에 일본어를 읽어보겠다는 당찬 마음은 있었지만 꼭 익혀야겠다는 마음가짐이 그때 당시에는 없었다. 그러던 것이 중학교에 들어가서 일본 비디오 게임에 빠지면서 가타카나 학습은 급물살을 탔다.

일본 비디오 게임에는 히라가나도 나오지만 가타카나도 무수히 나왔다. 지명 이름이나 인물 이름이 대부분이었으므로 그런 글자들이 나올 때마다 꼭 읽어보고야 말겠다는 강한 의지가 생겼다.

물론 그 당시에는 일본어를 익힌다기보다는 글자 자체만 읽는 것만 목표로 삼고 있었기에 일본어 회화를 익히는 것은 아니었다.

일본 글자는 처음 접할 때는 영어와 달리 아주 생소하기에 잘 외워지지 않을 수도 있다. 그럴 때는 방법을 바꿔보기 바란다. 혹시 관심있는 일본 잡지가 있다면(패션, 게임 등) 그 책에 나오는 큰 제목의 일본어만이라도 읽어보는 것을 목표로 히라가나와 가타카나를 익혀보라. 의외로 한 글자씩 그냥 외우는 것보다는 꽤 효과가 있다.

이렇게 며칠 동안만 글자를 자주 접하다 보면 어느 순간 어렵던 가타카나도 정복할 수 있다. 글자만 보는 것보다는 이렇게 이미지를 통해서 배우면 빠르게 익힐 수 있다. 그리고 이미지를 통해 익히는 것보다는 영상을 통해 익히는 것이 더 효과가 있다.

글자를 처음 익히는 분이라면 한번 해보시기 바란다.

3.3 말을 해야 말을 하지

"말을 해야 알지"

남녀 간의 사랑 싸움에나 주로 나올 것 같은 대사다.

이 주제는 십수 년간 계속되어 온 것 같다. 여전히 우리 주위에서는 위의 명제를 해결하기 위해 수많은 교재가 쏟아진다. 초보자를 위한 기초 문법부터 영어 회화에 이르기까지 패턴 학습이 도입되더니 일본어에도 패턴 학습법 책이 출간되고 있다. 종이책이라는 지면에 한정되다 보니 Active한 교재가 나오지 못하는 것도 이해는 간다. 하지만 대다수의 책에서 기본적인 단순 회화만 이어지고 패턴만 나열되는 것에는 문제가 있는 듯 하다. (고생해서 어학 책을 내신 분들의 노고와 수고를 욕하는 것이 절대 아니다. 오해하지는 말기 바란다.)

언어는 단순하게 나열된 지면에서 시험치듯 나오는 것이 아니다. 회화 책도 눈으로 보고 익힌다면 말 다했지 않은가? 집에 일본어 회화책 있으신 분들. 하루에 몇 분을 일본어 말하기에 투자하는지 물어보고 싶다. 그런 점에서 외국어를 말해야 하는 상황에서 우리는 여전히 벙어리다.

말을 하고 싶은데 말을 연습할 수 있는 곳이 없다. 그나마 말을 연습할 수 있고 약간이라도 말하게 되는 곳. 그곳은 바로 학원이다. 하지만 학원에서도 얼마나 말을 하는가. 학원 강의의 대부분은 시험을 위한 문법 강의다. 회화 수업은 프리토킹 수업에서나 가능하고 이런 수업들은 중고급자들만 가는 것으로 생각해 인원이 별로 없어서 폐강되기 일쑤이다.

초급자를 대상으로 하는 강의도 있지만 대부분 문법 강의로, 이마저도 강사 주도로 1시간이 금방 흘러간다. 이제 막 일본어를 시작한 학생들은 일본어를 모르니 주로 듣고 책에 열심히 받아쓰기만 한다. 게다가 수업은 보통 10명 정도가 수강한다. 인원이 적은 경우는 약간이라도 말할 수 있는 기회가 있을 수도 있으나 인원이 적으면 보통 다음 달에 폐강이 된다. 이렇게 최소 3개월에서 6개월의 시간을 보낸다. 6개월이 지난 후에도 나의 회화 실력은 늘어난 것이 전혀 없다. 당연한 것 아닌가! 말하는 연습은 하지도 않고 문법만 공부하고 있으니 말이다. (이는 영어도 대동소이한 것 같다.)

기초 문법 공부가 끝나면 JPT나 JLPT를 공부하기 위한 수업으로 자연스럽게 이어진다. 문법 공부한 것이 아깝기 때문에, 또한 취업을 위해 자연스럽게 시험에 매달린다. 이런 상황에서 정작 일본어 회화를 익히고 싶은 사람들 입장에서는 일본어 회화를 배우고 연습할 곳이 없다. 기초 문법, 단어 습득 이런 것들이 필요하지 않다는 이야기가 아니다. 하지만 불필요하게 너무 많은 시간을 문법이나 단어 외우기에 몰두하고 있지는 않은지 고민해 보아야 한다. 적어도 일본어로 말을 하고 싶다면 말이다.

"말을 많이 해야 말이 는다" 이 당연한 말을 우리는 외국어이기 때문에 잘 안된다고 스스로를 폄하한다. 방법이 잘못되었다고는 생각하지 않고 본인 탓만 한다. 문제는 방법이 잘못된 것이다. 어학을 배우는 많은 사람들이 기초를 튼튼히 하기 위해 문법부터 해야 한다고 말한다. 나는 거기에 반기를 들고 싶다. 문법? 당연히 해야 한다. 우리는 원어민이 아니라 어디까지나 외국어를 익히는 사람이기 때문에 어느 정도의 문법 사항이 필요하다. 그러나 그것이 과연 언어를 배우는 처음부터 해야 할 일인지는 곰곰이 생각할 필요가 있다.

어줍잖은 필자의 견해로는 처음부터 문법을 공부할 필요는 없다는 것이다. 최소한의 알아들을 수 있는 귀가 열리고, 일본어를 말하기 시작하는 시점부터 문법을 공부해도 늦지 않다는 게 필자의 생각이다. (정말 불안해서 문법을 공부해야 한다면 딱 1달 정도만 얇은 기초 문법책 하나만 공부해도 괜찮다.)

중고급 실력으로 가기 위해 갈 길도 먼데 처음부터 문법을 6개월씩 하면 공부에 질려서 꾸준히 할 수 없다. 이것이 바로 우리나라에서 언어를 배우는 데 있어서의 폐해라고 본다.

"문법을 배워두면 언젠가는 도움이 되겠지"라고 생각하는 그 순간부터 잘못된 방향으로 가는 셈이다. JPT나 JLPT를 따는 데 필요하다는 이유로 문법에만 자꾸 매달리게 되는 것이다. (왜냐고? 이렇게 공부하는 게 편하니까, 이제까지 이렇게 배워 왔으니까.)

외국어로 말하려면 철저히 처음부터 말로서 배워야 한다. (당연하지만 너무나 실천이 안된다.) 몇 개월이 지나서 언어에 약간 익숙해지면 문법이 궁금해지는 시기가 반드시 온다. 필자는 그 시기가 6개월 이후라고 본다. 왜냐하면 이때부터 일본어에 약간 익숙해지면서 글도 읽어보고 싶고 내가 지금 보고 있는 일본 애니메이션의 자막도 읽어보고 싶고 만화책도 읽어보고 싶어지기 때문이다. 바로 이때가 문법, 아니 어법 공부를 할 시기이다. 어설프게 처음부터 문법에 파묻혀 흥미를 잃어버리기보다는 과감하게 몇 개월 동안 Real Native Resource로 일본어 듣기 및 회화에 투자하고 이후에 문법을 배워도 늦지 않다는 것이다. (그렇다고 무작정 보면 안된다. 이 부분은 이전 글에도 있고 차후에도 올리도록 하겠다.)

더 이상 말을 눈으로 배우지 말자! 일단 먼저 부딪혀 보자. 필자는 일본어뿐만 아니라 모든 외국어를 이렇게 익히는 것이 맞다고 생각한다. 그래서 로제타스톤 같은 방식의 언어 학습법을 선호한다. (한동안 국내에서 인기를 끌었던 로제타스톤도 Real Native Resource가 아니고, 필자가 주장하는 방법과는 약간 거리가 있다.) 말은 말로서 배워야 하는 것이다. 눈으로 배우는 회화, 이제 여러분의 외국어 학습법에서 제외시키자. 오늘부터 당장 애니메이션을 보면서 주인공의 대사를 따라 해라. 말해보지 않으면 말할 수 없다! 기억하라!

3.4 누군가의 지도를 받아야 한다는 생각을 버려라

우리는 언어를 배우기 위해 무의식적으로 누군가에게 가르침을 받아야 한다고 생각한다.

그것은 책일 수도 있고 학원일 수도 있다. 하지만 이제는 그러한 사고 방식을 버려야 한다. 언어는 누군가에게서 배우는 것이 아니라 스스로 익히는 것이다. 스스로 깨치고 느끼고 말하는 과정에서 언어는 늘게 된다.

우리는 그간 너무나 많은 부분에 대해 수동적으로 가르침을 받아왔다. 그 때문에 누군가의 가르침 없이 스스로 무엇인가를 한다는 생각을 하지 못하고 있다. 학교에서는 일방적으로 선생님의 말을 듣고 있다. 토론의 문화는 없고 일방적인 전달만 있을 뿐이다. 30-40명 되는 학생들을 한 교실에 몰아넣고 전달하는 교육만 하고 있다.

특히 언어 수업 시간은 더 가관이다. 선생님은 앞에서 혼자 외국어로 떠들고 학생들은 수업 시간에 말 한마디 하지 않는다. 선생님이 문장을 따라하라고 지시할 때까지 아무도 말을 하지 않고 조용히 책을 보거나 선생님의 말을 듣기만 한다. 학원은 어떤가? 대부분의 학원에서는 TOEIC나 JPT를 위한 문법 학습이 주로 이루어진다. 이런 환경에서는 영어를 배우던지 일본어를 배우던지 그 어떤 언어를 배우던지 간에 회화를 습득할 길은 없어 보인다.

더구나 여전히 개선의 방법은 별로 보이지 않고 기존 방식을 계속 답습하고 있다. 물론 일부 학원이나 강사들은 말하기 훈련을 적용하여 방식을 달리 하고 있으나 대부분의 학교나 학원들은 아직도 바뀌지 않고 있는 것이 현실이다.

이런 상황에서 학교나 학원의 현실을 탓하고만 있다면 본인만 손해보는 것이다. 그보다는 어떻게 하면 언어 실력을 증진시킬 것인가를 끊임없이 고민해야 한다.

그런 차원에서 필자가 주장하는 애니메이션 말하기 훈련 방법은 선생이 아니라 학생이 주도적으로 말하게 하는 방법이다. 선생은 낚시하는 방법만 알려주고 모든 말하기 훈련은 학생에게 넘긴다. 기존 학습법에서는 선생이 모든 것을 말해주고 떠들기 때문에 선생의 역할이 크고 그런 역할을 해야 선생으로서 가치가 있다고 평가하지만 이 방법에서는 그 반대이다.

오히려 학생이 연습을 더 많이 하도록 유도하는 것이 유능한 선생이고 선생은 되도록이면 말을 하지 않는 것이 이 방식의 특징이다. 선생은 옆에서 도와주는 어시스턴트 역할만 수행하는 것이 전부이며 실제 학습은 학생이 주도적으로 하는 것이다. 어시스턴트인 선생의 역할은 학습에 필요한 리소스를 제공하고 훈련 중에 막히는 부분이나 이해가 되지 않는 것이 있다면 풀어서 간단히 이해시켜 주는 정도다.

이렇듯 선생 주도가 아니라 학생이 주도하는 방식이야 말로 외국어 말하기 능력을 향상시킬 수 있는 방법이다. 그런데 우리는 외국어를 배우려면 항상 선생에게 지도를 받아야 하고 지도를 받지 않으면 배운 것 같지 않다는 선입관에서 벗어나지 못하고 있다. 일제 강점기부터 이어져 온 이러한 좋지 않은 방식은 우리 사회에 뿌리 깊게 내려져 있다. 이제는 이런 사슬에서 벗어나자.

외국어야말로 자기주도적인 학습이 필요하다. 남에게 전달만 받는 방법이 아닌 내가 스스로 훈련하고 언어에 익숙해지는 훈련 방법으로 외국어를 배우자.

3.5 모든 걸 알아야 한다는 강박관념을 버려라!

필자도 일본어 왕초보 시절 좀처럼 실력이 오르지 않는 시기가 있었다. 특히 말문이 약간 트이려던 때에 좀처럼 입이 떨어지지 않은 시기가 있었다. 지나고 보니 그 당시에는 일본어 회화를 시작한지 얼마 되지도 않은 주제에 모든 것을 알아야 한다는 강박관념에 시달렸던 것 같다.

우리는 우리말을 자연스럽게 익혔지만 외국어를 배우는 데 시간이 많이 걸릴 수밖에 없다. 하물며 외국어를 입 밖으로 연속으로 내뱉는 시간이 하루에 얼마나 되는가? 10분? 20분? 30분? 필자가 생각하건데 일본어로만 5분 이상을 말하는 사람은 드물 것이다. (5분 이상을 일본어로 연속으로 말하고 있다면 아마도 그 사람은 비즈니스를 하거나 일본어로 밥벌이를 하는 경우일 것이다.)

그런 상황에서 일본어를 갑자기 잘하게 되리라는 보장은 없다. 하지만 우리는 간사하게도 말하는 훈련 없이 일본어를 공부만 하는 것으로 그렇게 높은 수준에 도달하기를 기대한다. 단어를 열심히 공부해서 아는 일본어와 내 몸에 익숙해서 그냥 툭 치면 자연스럽게 나오는 일본어는 천지 차이다. 부단한 말하기 훈련을 통해야만 일본어를 편안하게 말할 수 있는 수준에 오르게 된다. 많은 분들이 이 부분을 견디지 못하고 일본어를 포기하는 경우가 많다.

특히 모든 것을 말할 수 있어야 한다는 강박관념에 이런 저런 콘텐츠를 넘나드는 사람들이 많다. 제일 주의해야 하는 것이 이런 방법인데 하나의 콘텐츠를 꾸준하게 하지 못하고 이리 기웃 저리 기웃하는 사람들이 너무 많다.

일드가 좋다 하니 일드쪽으로 우르르 몰려다니고 정통 일본어 말하기에는 뉴스가 좋다 하니 뉴스로 바꾸고 이번에는 패턴으로 익히는 방법이 유행이라 이런 것들에 혹하게 된다. 이래서는 꾸준히 하나의 콘텐츠에 집중할 수 없다. 마음이 급하고 어서 빨리 일본어로 말하고 싶은 마음은 충분히 이해한다. 필자도 일본어를 배울 때 초반에 겪었던 증상이다. 하지만 이 책을 읽는 독자들은 지금부터라도 유행을 쫓아서 혹은 주위의 누군가의 말만 듣고 콘텐츠를 자주 바꾸는 우를 범하지 말았으면 한다.

본인이 선택한 콘텐츠에 믿음을 가져라. 애니면 애니, 일드면 일드, 뉴스면 뉴스, 하나만 가지고 어느 정도는 집중적으로 파고들어야 한다. 그래야지만 반복되어 내 안에 스며들 수 있다.

동일한 콘텐츠가 어느 정도 반복이 되면 어느 순간 자연스럽게 그것을 사용하고 있는 자신을 발견할 수 있다. 비슷한 콘텐츠를 6개월 동안만 반복해보라. 필자의 말에 수긍이 갈 것이다.

그중에서도 필자는 애니메이션을 통한 일본어 회화 학습법을 추구하고 있다. 필자의 경험을 통해 그것을 확실히 믿기 때문이다. (〈명탐정 코난〉을 보라! 무려 20년 이상을 동일한 콘텐츠로 방영하고 있다. 믿어지는가?)

너무 많은 것을 하려고 하지 마라. 너무 초조해하지도 마라. 필자가 제시하는 애니메이션 반복 훈련법으로 눈 딱 감고 하나의 콘텐츠로 6개월만 따라해보라. 어느 정도 말문이 트이고 약간의 자신감이 들면 그땐 필자가 하지 말라고 해도 새로운 콘텐츠를 받아들일 힘이 생길 것이다. 그러므로 그 이전까지는 하나의 콘텐츠에만 매진하기 바란다.

3.6 듣기를 열심히 하는데 일본어가 들리지 않는 이유

필자도 일본어를 배우던 초기에는 일반 기초 교재로 시작했었다. 흔히 CD가 부록으로 들어있는 기초 일본어 책이었다. 처음 배우는 입장에서야 어떤 교재가 좋은지 알 수 없으니 흔한 기초 일본어 교재부터 학습한 것이다. 히라가나, 가타카나는 알고 있었으나 그 외의 것들은 거의 모르는 상태였기에 일반적인 일본어 학습자의 프로세스를 밟고 있었던 것이다.

일본 애니메이션에 빠지면서 기존 교재들의 문제점들이 보이기 시작했다.

첫 번째로, 일단 애니메이션이나 드라마에 나오는 문장이나 발음들이 일반 교재에는 잘 나오지 않는다는 것이었다. 기존 교재는 너무 정직한 표현만 가르친다. 물론 비즈니스를 위해서는, 그리고 처음 일본인들과 대화를 하기 위해서는 빈말체나 축약체보다는 정중어 어체를 배우는 것이 맞다. 하지만 누누히 말하지만 일상생활에서 정중어 어체만 가지고 생활할 수 있을까? 일본인 친구도 사귀고 싶고 아이들과 대화도 나누고 싶지 않은가? 아이들에게도 정중체로만 말할 생각인가? 친구끼리도 '-님'이라고 부를 것인가? 이런 경우에는 그네들의 대화에 끼어들지도 못할 것이다.

두 번째로, 어느 정도 기초 일본어를 들어서 알고 있는 문장도 애니메이션이나 드라마에서는 너무나 빠른 스피드로 말하기에 알아들을 수 없다는 것이었다. 애니메이션은 그나마 나은 편이다. 일본 드라마에서 배우들의 빠른 대사를 듣고 있노라면 회화를 공부하겠다는 의지는 온데 간데 없어지고 한글 자막이 있는 일본 드라마를 편안하게 시청하게 된다. 학습자가 아닌 시청자로서만 남는 것이다.

지금은 방문자가 많이 줄었지만 3-4년 전에는 한류의 영향으로 우리나라를 방문하는 일본 여성들이 아주 많았다. 지금도 필자가 근무하는 삼성동 근처에는 종종 일본 여성들이 보이기도 한다. 일본어를 익히기 위해 그 여성분들의 대화를 한번 들어보았는가? 일본어를 조금 한다는 사람들도 일본인 여성들이 어떤 말을 주고 받는지 이해하기 힘들 것이다. 무엇이 문제일까? 바로 스피드 문제다.

반말체로 서로 주고받는 것도 있을 수 있겠으나 무엇보다도 말의 스피드를 쫓아가지 못해서 발생하는 현상이다. 필자도 어느 정도 일본어를 한다고 생각하지만 일본 여성들끼리 주고 받는 말을 들어보면 빠른 스피드에 어떤 말이 오고가는지 이해하지 못하는 경우가 종종 발생한다.

우리가 가지고 있는 기초 일본어 CD를 백날 듣는다고 이런 말들을 이해할 수 있다고 생각하는가? 필자는 힘들다고 본다. 스피드를 따라가는 것도 훈련을 통해서만 습득할 수 있기 때문이다. 스튜디오에서 정직하고 올바른 발음으로 느릿하게 녹음한 내용으로는 일본 여성들이 빠르게 말하는 내용을 이해할 수 없다. (왕초보들이 듣기 편하게 만들기 위해 어쩔 수 없이 이렇게 만든 것도 있다.)

이것이 일본 여성들에 한정된 이야기일까? 결코 그렇지 않다. 왕초보를 약간 벗어나는 시기가 되면 이러한 한계에 금방 부딪히게 된다. 일본계 회사에서 비즈니스 회의를 처음 할 때도 겪었으나 일반적인 회의에서도 빠른 스피드를 따라가지 못해 1주일 동안 진행된 회의 내내 졸았던 기억이 있다. 빠른 비즈니스 일본어에 적응하는 데 필자도 6개월 이상이 걸렸다.

이렇듯 일본어 초보가 어느 정도의 학습 시기를 거치고 나면 반드시 극복해야 하는 문제가 바로 언어의 스피드다. 그래서 필자는 처음부터 Real Native Resource로 듣기와 말하기를 연습하는 것이 중요하다고 생각한다. 먼저 애니메이션으로 중간 정도의 스피드에 익숙해진 후에 어느 정도 듣기와 말하기가 가능해지면 일본 드라마로 옮겨서 빠른 스피드에 적응하는 것이다. 그렇지 않고 초보자가 곧장 일본 드라마만 보면 제풀에 지쳐 학습을 그만두게 된다. 어디까지나 일본 드라마는 초급보다는 중급에 들어선 시점에 교재 쓰기에 적합하다고 생각한다.

원어민이 말하는 일상적인 스피드를 따라가려면 1분에 150-200 단어를 알아들을 수 있어야 한다. 우리나라에서 나오는 기초 책을 배운 대부분의 학습자는 보통 1분에 50-100 단어를 알아듣는 스피드라고 어학 전문가들은 보고 있다. 이것도 언어를 제법 학습한 사람에게 해당되는 이야기다. 초보자들은 이보다 더 적은 단어를 알아듣기 때문에 더 많은 연습이 필요하다.

그런데 과연 연습만 한다고 되는 걸까? 필자는 어느 정도는 가능하다고 생각한다. 일본어 왕초보자의 경우 애니메이션만 열심히 보고 일본어 듣기가 상당히 늘었다는 경험담을 자주 듣는다. 흔히 네이버 지식인 검색 내용을 보면 〈슬램덩크〉나 〈원피스〉 애니메이션을 보면서 일본어 듣기 실력을 키웠다는 사람들이 많다. 애니메이션을 통해 듣기 훈련을 열심히 했기 때문에 어느 정도 말하는 스피드를 따라갈 수 있는 것이다. 물론 듣기가 가능하다고 말하는 것이 가능하지는 않다. 말하기는 부단히 연습해야 하는 또 다른 분야이기 때문이다.

중급 수준에서 위에 언급한 일본 여성들의 스피드를 따라가려면 일본 드라마를 같이 보는 것이 좋다. 애니메이션보다 좀 더 다양한 실생활 표현을 익힐 수 있고 실제 배우들이 나와서 그네들의 원래 스피드로 말하기 때문에 학습하기에 좋은 교재이다. (필자의 경우, 일본어를 시작하는 단계에서는 일본 드라마를 추천하지 않는다.)

당신의 일본어 듣기를 지금 당장 점검하라. 실제 일본인이 말하는 빠른 문장들을 알아듣고 싶은가? 그렇다면 이제 Real Native Resource로 전환하라. 지금부터 실제 리얼한 일본인의 발음 리소스를 찾아서 듣기 트레이닝을 시작하라.

3.7 애니메이션이나 일본 드라마를 어느 정도는 듣는데 대화가 안돼요

애니메이션과 브레인 트레이닝으로 어느 정도 연습이 되었다면 이제 실전으로 넘어가야 한다. 어찌됐건 언어는 사람 간의 커뮤니케이션이다. 아무리 혼자 훈련한다고 해도 훈련은 훈련일뿐이다. 실제 사람과의 커뮤니케이션을 해보아야 한다. 그런데 우리나라에서는 이제 일본 사람을 구경하기가 점점 힘들어지고 있다. 명동은 중국인이 차지했고 일본인을 구경하기 힘들어졌다. 이런 상황에서 일본어로 대화할 수 있는 상대는 점점 줄어들고 있다. 그나마 다행인 것은 일본 경제가 10년 간의 장기 침체에서 벗어나면서 최근 일본인 관광객들이 다시 늘어나고 있다는 점이다.

그렇다면 이제 일본어 회화 상대를 찾기 위해서 어떻게 해야 할까?

첫 번째는 동호회 활동이다. 네이버나 다음 등의 일본어 카페에 등록하여 정기적인 스터디 활동을 하는 것은 좋은 방법이다. 개인 교습이나 학원을 다니는 방법도 있지만 카페를 이용하면 별도의 비용을 들이지 않고 일본어 회화 연습을 할 수 있다. 실력이 비슷한 사람들과 대화하다 보면 더욱더 말을 하고 싶어지고 더 많은 것을 배우게 될 것이다.

두 번째는 내 주위에 나를 훈련시켜줄 일본어 트레이너를 찾는 것이다. 일본어 수요가 줄어들었다고 하지만 여전히 주위에 일본어를 하는 사람들은 있다. 그 사람들을 붙들고 일본어 회화를 연습하라. 내가 일본어를 약간 하기 시작한 후부터 일본어를 배우고 싶으면 내가 대화 상대가 되어 주겠다고 후배들에게 누누이 말한 적이 있다. 하지만 한 명도 나를 찾아오는 사람은 없었다. 내가 문법을 일일이 알려줄만큼 뛰어난 사람은 아니지만 대화 상대는 얼마든지 되어줄 수 있음에도 대화를 시도하려는 적극적인 사람을 본 적이 없다. 그리고 요즘은 중국어가 대세이기 때문에 학생들도 일본어보다 중국어를 더 배우고 싶어하는 것 같다.

마지막으로, 학원의 프리토킹 반에 드는 것이다. 학원의 프리토킹 반은 수준이 약간 높고 과정 개설도 꾸준하게 이어지지 않기 때문에 고민을 해야 한다. 그리고 수업 시간에 내가 계속해서 말을 할 수 있는 것도 아니다. 이런 여러 부분을 고려하여 말을 많이 하도록 도와주는 학원을 선택해야 한다.

어떠한 방법을 선택하든 주된 부분은 사람과의 대화이다. 많은 대화를 통해서 이제까지 내가 배웠던 것들을 활용해야 한다. 그래야 내가 말하면서 부족한 게 무엇인지 어떤 것을 더 훈련해야 하는지를 알게 된다. 말을 밖으로 자꾸 내뱉어야 익숙해질 수 있기 때문이다. 당신이 꾸준히 말할 수 있게 만드는 방법을 찾고 계속 실천하라. 최소 하루에 1시간씩은 말하기를 연습하라.

> 더쿠애니가 일본어 회화 학습에 추천하는 애니 베스트 4-5

4. 슬램덩크(スラムダンク)

〈슬램덩크〉는 이노우에 다케히코가 만든 공전의 농구 만화입니다.

1990년도에 첫 연재를 시작으로 일본에서만 1억부가 넘게 팔렸습니다. 한국에서도 애니메이션이 판매되었으며 총 101화까지 나온 장편 애니메이션입니다.

〈슬램덩크〉의 농구붐은 한국에서도 계속되었으며 한동안 국민 농구 만화가 되었습니다. 〈슬램덩크〉 내용을 재용하여 농구 드라마도 제작되었으며 많은 인기몰이를 하였습니다.

연재가 끝난지 오래되었지만 여전히 〈슬램덩크〉는 재미있으며 인기 있습니다. 우리나라 이름의 개성적인 캐릭터들은 아직까지도 기억에 남아 있습니다. 강백호(사쿠라기 하나미치)가 고등학교에 입학하여 농구 선수가 되어가는 성장기를 잘 보여주고 있으며 각 학교마다 매력적인 선수들과 함께 전개되는 시합을 보고 있노라면 나도 모르게 빠져드는 매력이 있습니다.

슬램덩크로 일본어 회화 공부하기

1. 종합 평가 : ★★☆☆☆
2. 문장 난이도 : ★★☆☆☆
3. 대사 스피드 : ★★☆☆☆
4. 단어 수준 : ★★☆☆☆

〈슬램덩크〉는 초보자가 일본어 회화에 입문하기 좋은 학습 자료입니다. 스포츠 만화이며 생활에 사용되는 단어나 문장이 많기 때문에 일본어 회화 학습에 좋습니다. 중간중간 약간의 폭력적인 부분도 나오지만 어디까지나 농구 만화이므로 거슬리지는 않습니다. 주인공 사쿠라기는 하루코에게 대부분 존대말을 사용하기 때문에 존대말에 익숙해지기도 좋고 친구들끼리 자주 사용하는 회화체도 사용하므로 이에 대한 학습에도 도움이 됩니다. 또한 101화 정도에서 마무리되기 때문에 분량에 있어서도 적당하다고 생각합니다.

필자가 한창 〈슬램덩크〉에 빠져 있을 때는 전체 101화를 10번 정도 돌려 본 것 같습니다. 반복해서 듣다보면 어느새 캐릭터들의 대사가 내 것이 되어 있고 자연스럽게 문장을 따라 말하게 될 것입니다.

문장의 난이도도 크게 높은 편이 아니며 농구 경기에 대한 영상이 많기 때문에 한 회 에피소드 20분 분량에 대사가 많지는 않습니다.

일본어에 갓 입문하신 분이라면 〈슬램덩크〉를 보면서 일본어 회화체에 익숙해지는 것도 좋을 것 같습니다.

〈슬램덩크〉 한국어 만화책은 거의 모든 대사가 애니메이션과 흡사하므로 일본어 대사와 비교해가면서 학습하기에도 안성맞춤입니다. 일본 아마존에서 〈슬램덩크〉 일본어 만화책도 쉽게 구할 수 있으므로 구입해서 학습하시면 더욱 도움이 될 것입니다.

5. 원피스(ONE PIECE)

1997년에 첫 연재를 시작한 오다 에이치로의 공전절후의 히트작입니다. 애니메이션 팬 중에 〈원피스〉를 모르면 간첩이라는 말을 들을 정도로 애니메이션계에서는 유명한 장편 애니메이션입니다. 끝을 알 수 없는 모험의 세계가 펼쳐집니다. 마음에 드는 캐릭터가 있으면 무조건 동료로 삼고 보는 고무인간 루피를 비롯하여 악마의 열매 능력을 가진 가지각색의 다양한 캐릭터와 모험의 무대가 독자를 기다립니다.

일본 만화 역사상 처음으로 판매 누계 부수 4억부를 돌파한 만화이며 아시아뿐만 아니라 전 세계에 〈원피스〉 애니메이션 매니아가 존재할 정도로 그 인기가 높습니다. 2013년 기준으로 드래곤볼 판매 부수의 2배 이상이라고 하니 대단하다고밖에는 표현할 방법이 없습니다.

원피스로 일본어 회화 공부하기

1. 종합 평가 : ★★★☆☆
2. 문장 난이도 : ★★★☆☆
3. 대사 스피드 : ★★★☆☆
4. 단어 수준 : ★★★☆☆

학습적인 차원에서 〈원피스〉를 평가하자면 일본어를 시작하는 초보자들에게 처음부터 권장하고 싶은 애니메이션은 아닙니다. 일단 대사도 많을 뿐만 아니라 문장의 난이도도 초보자들이 학습할 수 있는 수준이 아닙니다. 캐릭터들의 이상하게 말하는 습관이나 새로운 지역을 모험하면서 나오는 단어 등은 일본어 초보자들이 간단히 학습할 수 있는 수준이 아닙니다. 만일 〈원피스〉를 미친 듯이 사랑하고 〈원피스〉에 나오는 대사를 모조리 듣겠다는 열정이 있다면 도전해도 좋습니다. 하지만 단순하게 '한번 해볼까'라는 생각으로는 달려들지 않기 바랍니다. 필자는 일단 앞에서 소개해 드렸던 애니메이션을 먼저 학습하여 듣기에 익숙해진 후에 〈원피스〉로 학습하기를 권장합니다.

현재 800화를 달려가고 있는 장편 애니메이션으로 〈명탐정 코난〉과 함께 제가 알고 있는 애니메이션 중에서도 최장편 애니메이션이라고 생각합니다. 앞으로도 끝을 알 수 없는 모험이 계속되고 있기에 〈원피스〉 하나만 잡고 평생을 일본어 리스닝을 해도 좋을 정도입니다. 물론 대부분 회화체에 반말체 뿐인 애니메이션이므로 〈원피스〉 말고 다른 여러 애니메이션이나 드라마 등도 같이 학습하면 좋을 것 같습니다.

four

속는 셈 치고 6개월만 따라해봐!

일본어 회화가 된다

4.1 당신의 일본어 회화 교재를 애니메이션으로 바꿔라

일본어를 배우기 위해 많이 언급되는 방법 중 하나가 일본 애니메이션이나 일본 드라마로 공부하는 것이다. 필자도 지금까지 일본어를 잊어버리지 않기 위해 가장 많이 활용하는 방법이 바로 애니메이션이나 관심 있는 드라마를 보는 것이다.

취업, 승진, 유학이 아닌 순수하게 일본어를 향상시키고자 한다면 일반적인 회화책보다는 이 방법을 강력하게 추천한다. 케이블 방송의 일본 채널에서 뉴스로 공부하거나 일반 방송을 보면서 공부하는 사람들도 많이 있다. 하지만 필자가 일본 애니메이션을 강력 추천하는 이유는 다음과 같다.

첫 번째, 초보자도 쉽게 시작할 수 있다.

우리 주위에 흔히 볼 수 있는 것이 일본어로 된 애니메이션이다. 요즘은 더빙이 많이 되어 있어서 한글로 쉽게 접할 수 있지만 케이블 채널에서는 일본어로 된 방송을 해주기도 한다.

두 번째, 대부분의 애니메이션은 한글 스크립트가 제공된다.

일본어와 한국어의 어순은 거의 비슷하다. 그래서 한글 자막이 제공되면 일본어를 들으면서 한글 자막을 바로 이해할 수 있다. 일본어 자막은 많은 영상 번역가들이 번역을 하기 때문에 품질도 좋다. 요즘은 게임에서도 일본 음성을 들으면서 자막을 볼 수 있기 때문에 게임을 통해서도 공부가 가능하다.

세 번째, 쉽게 구할 수 있다.

공유 사이트에 가면 자막과 함께 동영상이 제공되는 것이 이제 일상화되어 있다. 어느 사이트든 자막을 같이 구할 수 있다. 일본 자막을 제공하는 사이트도 있기 때문에 유명한 애니메이션은 일본 자막을 구해서 공부할 수 있다.

네 번째, 실제 생활에 사용하는 일본어로 생생하게 들을 수 있다.

비속어가 포함되어 있는 애니메이션들도 많지만 대부분은 일상생활에서 바로 사용하는 일본어를 들을 수 있다. 판타지 및 전문 용어가 난무하는 애니메이션들도 있지만 〈이웃의 토토로〉 같이 지브리에서 나오는 애니메이션들에는 일상생활에서 사용하는 말들이 많기 때문에 공부하기 유용하다. 수준도 크게 어렵지 않다.

다섯 번째, 실제 생생한 일본어의 스피드를 느낄 수 있다.

국내에서 나오는 어학책은 스튜디오 환경에서 녹음한다. 더구나 천천히 또박또박 알아듣기 좋게 녹음하기 때문에 실제 일본인이 말하는 스피드는 나오지 않는다. 실제 원어민 수준의 빠르기로 말하는 것을 접하고 싶다면 일본 드라마나 애니메이션을 보는 것이 좋다.

일본어를 배우는 분들 중 일부는 애니메이션에는 유치하고 반말투의 말만 나오기 때문에 별로 추천하지 않는 경향이 있다. 하지만 우리가 언어를 배울 때를 생각한다면 존대말만 쓸 수도 없다. 반말이나 비속어 등의 다양한 말을 들어가면서 본인의 수준에 맞는 말을 받아들인다. 물론 외국어를 배운다는 차원에서 반말이나 비속어만 배워서 말하면 안될 것이다. 비속어는 지양해야겠지만 반말은 친구들이나 친한 사람들에게 흔히 사용하기 때문에 익혀 두는 것이 당연하다. 우리도 친한 사람이나 동료들에게 꼬박꼬박 존대말을 쓰면서 말하는 것은 아니지 않은가? 그런 것과 마찬가지다. 그러나 일반 교재로 나오는 책에서는 대부분 존대말 및 겸양어만 가르친다. 이런 책을 본다고 해서 일반적인 회화 실력이 높아지는 것은 아니다. 또박또박 읽어주는 성우들의 CD만 들어서는 일본 사람들이 말하는 스피드를 쫓아갈 수 없다. 이런 스피드를 느끼기에는 드라마나 애니메이션을 보는 것이 좋다.

반복해서 보는 시리즈물에 재미를 붙여보라. 필자는 어렸을 때부터 일본 애니메이션을 보던 습관이 있어서 마흔이 넘어서도 애니메이션이나 일본 특촬물을 즐겨본다. 특히 장편 시리즈물을 좋아하는데, 단편보다 장편을 보면 같은 인물, 같은 대사가 반복되기 때문에 일본어 반복 공부에도 많은 도움이 된다. (〈나루토〉, 〈명탐정 코난〉, 〈슬램덩크〉, 〈유유백서〉 등등 장편 애니메이션을 주로 많이 보았다.) 특촬물은 아이들이 본다는 편견이 많다. 케이블에서 하는 〈가면라이더〉 시리즈나 〈울트라맨〉, 〈전대물 시리즈〉는 우리나라에서도 유치원생이나 초등생에게 인기 프로이다. 필자는 일본 원본을 받아서 주로 본다. 유치하다고 하시겠지만 필자 입장에서는 너무나 재미있고 생생한 일본어를 들을 수 있어서 좋다. 특히 특촬물은 드라마이고 실제 배우들이 말하기 때문에 듣기 공부에 많은 도움이 된다.

필자는 10년 이상을 일본 애니메이션과 특촬물을 보면서 지냈다. 스마트폰에는 일본 애니메이션 한두 편이 들어 있다. 틈날 때마다 매일 보는 편이다. 이런 습관이 필자의 일본어 실력을 만들어 준 바탕이 된 것 같다.

딱 6개월만 애니메이션 하나를 잡고 반복해서 들어보자. 혹은 100편 정도의 완결된 애니메이션을 반복해서 볼 수 있는 끈기만 있다면 당신의 일본어 듣기 실력은 일취월장할 것이다. 이후는 말하기 연습만 하면 된다.

일본어 한자 같은 것에 너무 연연하지 마라. 듣기나 말하기가 어느 정도 되어서 일본어가 만만해지면 그때 익히면 된다. 필자도 일본어 한자는 잘 모르지만 그때그때 찾아가면서 공부한다. 스트레스받지 말고 이번 기회에 꾸준하게 한번 해보시길 추천한다.

4.2 말을 유발하는 도구를 사용하자

스스로 반복해서 연습해야 말이 자연스럽게 나올 수 있다고 앞서 언급한 바 있다. 그렇다면 어떤 방법으로 스스로 습득할 수 있는 것일까? 그 비밀은 바로 트레이닝 훈련 도구를 활용하는 것이다.

이러한 도구의 장점은 듣기, 쓰기, 말하기, 읽기를 입체적으로 훈련할 수 있다는 것이다. 단순히 수동적으로 보기만 하는 것이 아니라 학습자가 능동적으로 참여하여 반복 훈련할 수 있는 것이 장점이다. 들리지 않는 문장이나 단어를 반복해서 들을 수 있으며 쉐도우 리딩을 연습하기에도 최적이라고 할 수 있다.

하지만 시중에서 판매되고 있는 이러한 프로그램과 필자가 말하고자 하는 말하기 트레이닝 도구 사이에는 중대한 차이점이 있다. 그것은 바로 누군가가 강제로 제공한 콘텐츠냐, 내가 스스로 만들어 사용할 수 있는 콘텐츠냐의 차이다.

이 말이 무슨 말인가 하면 시중에서 판매하고 있는 훈련 프로그램의 경우 내가 원하는 리소스를 선택하는 방식이 아닌 이미 만들어진 정형화된 프로그램을 구입하는 것이다. 보통 이러한 프로그램들은 CD에 영화와 함께 판매되고 있으며 그것은 특정 영화이거나 특정 애니메이션인 경우가 많다. 그리고 대부분은 영어 회화를 목적으로 만들어진 프로그램이다. 일본어나 그 외 언어는 만들어서 판매되지 않고 있다. 아마도 영어 회화 프로그램이 인기가 있기 때문일 것이다. 이렇듯 내 입맛에 맞는 리소스를 이러한 방식의 프로그램에 적용하여 만들 수 없기 때문에 남이 만들어 판매하고 있는 영상으로만 학습해야 한다.

하지만 필자가 추구하는 방식은 내가 원하는 나만의 리소스를 활용하여 학습에 적용하는 것이다. 바로 이런 도구가 우리의 말하기 훈련에 더 필요한 것이다.

그렇다면 내 입맛에 맞는 영상을 사용할 수 있는 프로그램이 존재하는가? 그렇다 존재한다.

다음에 제시된 프로그램을 활용하면 본인이 가지고 있는 애니메이션 영상 리소스를 말하기 훈련에 독자적으로 활용할 수 있다. 그렇다면 어떤 프로그램이 있는지 살펴보도록 하자.

1. 윈도우 계열의 말하기 훈련 프로그램

위의 예에서 언급했던 것과 유사한 프로그램들 중 윈도우 환경에서 사용할 수 있는 것이 있다. 바로 NativeBox 프로그램이다. 상용 제품에서 제공하는 거의 모든 기능을 동일하게 사용하여 말하기를 훈련할 수 있다. 더구나 이 제품은 유료가 아닌 무료이다.

이런 좋은 프로그램이 무료라는 것은 언어를 배우고자 하는 우리 같은 학습자에게는 가뭄의 단비 같은 소식이 아닐 수 없다. 말하기 프로그램을 운영하는 일부 강사들은 이 NatvieBox 프로그램을 활용하여 말하기 훈련을 시키고 있다.

단, 내가 원하는 영상 리소스를 말하기 훈련에 사용하기 위해서는 NativeBox에서 사용할 수 있는 스크립트를 별도로 만들어야 한다. 본 프로그램으로 학습하는 방법이야 말로 이 책에서 가장 강조하는 말하기 훈련 방식에 최적이라고 할 수 있다.

2. 안드로이드 계열의 말하기 훈련 프로그램

MePlayer를 통한 말하기 훈련 방식이다. Google Play에서 무료로 다운로드 받을 수 있다. smi 자막이 있으면 문장마다 해당 영상을 보면서 말하기 연습할 수 있다.

3. 아이폰, 아이패드 계열의 말하기 훈련 프로그램

안드로이드와 같은 종류의 프로그램으로 리스닝 드릴이라는 프로그램이 있다. AppStore에서 다운로드받을 수 있으며 사용 방법은 MePlayer와 흡사하다.

위와 같은 도구들을 사용한다면 수동적인 말하기에서 능동적인 말하기로 전환할 수 있다. 수동적으로 제공받는 리소스가 아니라 내가 리소스를 능동적으로 생성하여 말하기 훈련을 할 수 있다.

리소스를 수동적으로 제공받는다는 것은 내가 원하지 않는, 재미있어 하지 않는 리소스로 학습한다는 말이다. 언어 학습에 있어서 가장 피해야 할 것이 타인이 억지로 제공하는 리소스로 학습하는 것이다. 초기에 언어를 배울 때는 재미있게 배워야 한다는 것이 필자의 지론이다. 타인에 의해 억지로 학습하면 기억에 오래 남지도 않고 의욕이 떨어지기 때문에 지속할 수도 없다. 본인이 배우고 싶어서 열심히 해도 될까 말까 한데 남이 제공해서 억지로 배우는 콘텐츠는 나의 콘텐츠가 될 수 없기 때문이다. 이 때문에 최초 내가 배울 콘텐츠 선정은 중요하다.

최초 학습에 사용할 콘텐츠에는 일상생활 일본어가 많아야 좋다. 나중에 언어를 확장할 때는 어떤 것을 활용하더라도 상관없다. 그 시기가 되면 콘텐츠를 스스로 선택할 수 있는 힘이 생기기 때문이다.

4.3 난 한 놈만 팼다

어학을 배울 때 초보자들이 가장 간과하기 쉬운 것이 바로 하나의 콘텐츠를 가지고 꾸준하게 하는 것이다. 필자도 영어를 배움에 있어서는 20년 동안 실패했다고 볼 수 있다. 현재 필자의 집에는 영어 회화 관련 책이 수십 권도 넘게 책장에 꽂혀 있다. 단어장, 회화책, 문법책, TOEIC 등 다양한 책들이 있다.

지금 생각해보면 영어는 항상 회사의 진급 시험용이었다. 대리로 진급하기 위해 토익 500점 이상을 얻어야 했으며 과장으로 진급하기 위해서는 600점 이상을 얻어야 하는 그러한 공부만을 위한 것이었다. 그럼에도 영어로 미국인들과 회화는 잘하고 싶어서 이리저리 좋다는 방법론 책을 찾아 읽었다. 그때마다 회화 책도 바뀌고 좋다는 방법론을 시험해 보았지만 영어 회화만큼은 잘 되지 않았다.

이와는 반대로 일본어에 대해서는 자유로웠다. 누군가이 컨트롤을 받을 필요도 없으며 스스로 자발적으로 학습했다. 누군가의 강제에 의한 점수 취득하기가 아닌 내 자유로 공부하는 것이기에 콘텐츠를 선정하는 것도 자유로웠으며 어떤 것을 보아도 상관이 없었다. 그래서인지 몰라도 일본어는 스트레스를 받지 않고 습득할 수 있었던 것 같다.

처음에는 일본어로 말을 해야겠다는 생각보다는 재미있어서 시작했다. 당시 〈명탐정 코난〉과 〈슬램덩크〉, 〈이니셜D〉는 내가 가장 많이 반복해서 보던 콘텐츠였다. 거짓말 보태서 똑같은 내용을 한 50번 이상은 본 것 같다.

같은 콘텐츠를 반복하면 효과는 상당하다. 이전 글에서 언급했듯이 비슷한 문장들이 반복된다. 한자도 뜻은 뭔지 모르지만 상황에 따라 말하는 한자에 대해 대충은 느낌으로 알게 된다. 그리고 그것들을 생활에서 사용할 수 있게 된다. 캐릭터 간에 쓰는 반말체에도 익숙해진다. 일본어를 어느 정도 공부했다면 정중체나 반말체에 대해 구별할 수 있게 된다.

하나의 콘텐츠를 반복해서 볼 때 얻어지는 또 다른 효과는 어느새 내가 그 문장들을 반복해서 중얼거리게 된다는 것이다. 캐릭터들이 말하는 명언이나 문장들을 자신도 모르게 중얼거리고 있다 보면 실생활에서도 그 문장을 사용할 수 있게 된다. 이런 문장들이 하나둘씩 쌓이면 어느새 일본어 회화가 된다. 자연스러운 반복 훈련이 되는 것이다. 이렇게 해서 나는 남들보다 빠르게 일본어 회화를 하기 시작했다.

그런 습관을 10년 동안 꾸준히 가지다 보니 평소에 일본어를 말하지 않아도 나는 언제든지 일본어를 말할 수 있다. 하루에 1편 이상씩은 반드시 애니메이션을 보기 때문에 일본어를 잊을래야 잊을 수가 없는 것이다. 영어도 아마 이렇게 학습한다면 일본어 실력만큼은 되겠지만 현재 영어보다 일본어 실력이 더 나은 것은 바로 이러한 습관 때문일 것이다.

덕분에 7년만에 일본 여행을 갔다왔음에도 불구하고 일본인들과의 대화가 전혀 어색하거나 불편하지 않았다.

오히려 너무나 친숙하게 일본어를 말하고 있는 내 자신을 발견할 수 있었다. 이전에는 어떤 말을 해야 할지 그 다음에 무슨 말을 해야 할지 항상 머릿속에서 생각하고 스트레스를 받았는데 이제는 그런 것 없이 자연스럽게 일본어가 되는 내 자신을 보고 칭찬을 해주었다. '그래, 10년 동안 애니메이션을 꾸준히 본 게 의미없는 짓이 아니었어' 라고 말이다.

초보자들의 경우 애니메이션 하나만 해도 과연 회화가 될 수 있는지에 대해 항상 불안해 한다. 그래서 이것저것 책을 뒤적이고 콘텐츠를 바꾼다. 이 시점에서 필자가 말할 수 있는 것은 딱 한가지다. "본인이 선택한 콘텐츠를 믿어라. 단, 제대로 된 콘텐츠를 택해서 그것을 계속 반복하라고..."라고 말이다. 그 선택에는 본인이 정말 시간을 들여도 아깝지 않고 끈질기게 훈련할 수 있는 콘텐츠라는 전제가 깔려야 한다. 현명하게 선택한 그 하나의 콘텐츠가 당신의 일본어 회화 정복을 단축시켜 줄 수 있을 것이기 때문이다.

4.4 지브리 애니메이션이 일본어 회화 공부에 좋은 이유

일본어 회화를 처음 공부하시는 사람들에게 보통 지브리 애니메이션을 많이 추천한다. 다음과 같은 지브리 애니들이 많은 인기가 많다.

1. 이웃의 토토로

2. 벼랑위의 포뇨

3. 마녀 배달부 키키

4. 하울의 움직이는 성

5. 센과 치히로의 행방불명

일본어를 공부하기 위해 지브리 애니메이션들이 추천되는 이유가 뭘까?

1. 재미있다.

필자는 〈이웃의 토토로〉 애니메이션을 대학교 시절에 보았다. 다 큰 어른이 되었는데 토토로를 보는 순간 다시 어린 시절로 돌아간 것 같았다.

90분 동안 몰입해서 봤던 기억이 난다. 토토로를 본 주변 지인들도 '이런 애니메이션도 있구나', '말은 많이 들었는데 재미있네'라는 반응들이었다. 필자도 마찬가지였다.

2. 이해하기 쉽다. (어린이도 볼 수 있다.)

어린이가 봐도 이해하기 쉬운 스토리로 구성되어 있다. 〈원령공주〉 같이 약간 어려운 애니메이션도 있지만 대부분 어린아이들과 함께 볼 수 있는 애니메이션이다.

3. 생활 일본어가 많이 나온다.

〈이웃의 토토로〉나 〈벼랑위의 포뇨〉 등의 애니메이션에는 생활에서 들을 수 있는 용어들이 많이 나온다. 판타지적인 성향의 애니메이션이 많지만 일상생활에서 충분히 쓸 수 있는 말이 많이 나오는 편이다.

4. 길이가 길지 않다.

〈이웃의 토토로〉의 경우 90분 러닝타임에서 실제 대사는 그리 많지 않다. 아름다운 풍경과 토토로와의 교감 등이 많은 애니메이션이다. 때문에 대사에 지치지 않고 즐겁게 공부할 수 있다.

이런 지브리 애니메이션들은 인터넷에서 대본을 쉽게 구할 수 있다. 〈이웃의 토토로〉의 경우 검색 엔진에서 일본어 및 한글 대본을 쉽게 구할 수 있다. (동영상도 상대적으로 구하기 쉽다.)

일본어 공부를 본격적으로 하기 전에 〈이웃의 토토로〉 하나쯤은 익혀두면 정말 많은 도움이 된다. 가능하다면 대사를 외울 정도로 반복 습득하는 것이 좋다.

어떻게 반복해서 습득할지는 다음 글에서 언급하도록 하겠다.

4.5 애니메이션을 맛있게 먹는 단계별 레시피

일본어로 말을 하고 싶은가? 단기간에 일본 사람과 대화를 하고 싶은가? 앞선 필자의 글들에 동의하는가? 그렇다면 이제 기존의 방법 대비 혁신적으로 일본어 회화를 늘려줄 수 있는 방법을 제시하고자 한다.

이 방법이 100% 성공을 보장하는 것은 아니다. 하지만 기존의 정형적인 방법 대비 빠르게 말을 할 수 있게 하는 방법이라는 것은 확신한다. 왜냐고? 말하는 훈련을 당장 시켜주기 때문이다. 언어를 눈으로 보는 것이 아니라 말하는 훈련을 통해 연습시키므로 보다 빠른 시간에 대화를 할 수 있다.

필자가 제시하는 다음의 방법으로 왕초보 일본어 회화에 도전해 보자.

1. 첫 1개월 2주차까지

히라가나와 가타카나를 익히는 시기다. 이 시기에는 히라가나와 가타카나를 집중적으로 익힌다. 만약 히라가나와 가타카나를 이미 알고 있는 초보자라면 다음 단계로 곧바로 넘어가도 좋다. 아무튼 이 시기에는 일본어 글자만 봐도 히라가나 및 가타카나를 읽을 수 있도록 하면 된다. 시중에는 히라가나와 가타카나를 이미지로 쉽게 외울 수 있게 해주는 책들도 있다. 단순하게만 외우면 다음 날 잊어버리므로 기억에 오래 남을 수 있도록 재미있는 방법을 통해 외우도록 하자.

2. 첫 1개월 2주차부터 2개월까지

이 시기에는 아주 얇은 일본어 기초 문법책으로 기본기를 습득한다. 착각하지 말아야 할 것은 200 페이지가 넘는 일본어 기초 문법책 전체를 보는 것을 목표로 삼아서는 안된다는 것이다. 아주 가볍게 쓱 한번 훑어본다는 생각으로 기초 문법책을 보면 된다. 반드시 정독이 아닌 스키밍 방식으로 1달 동안 한 권을 쭉 훑어본다. 이런 문법은 이 페이지에 나온다는 것 정도만 알고 있으면 된다. 가령 동사의 변형 등이 어디 페이지에 나오고 이 페이지를 참고해야겠다라는 정도면 충분하다. 나중에 다시 공부할 때 유용하기 때문이다. 기초 문법책은 반드시 한 권만 사라. 나중에 문법 공부를 할 때도 이 책 저 책 보지 말고 한 책에서만 참고하는 것이 좋다. 대신 대화만 나와 있는 책은 사지 않도록 한다. 어차피 애니메이션 훈련법으로 지겹게 반복할 것이기 때문이다. 그리고 기초 문법책에도 웬만한 기초 대화가 나오기 때문에 참고하면 된다. 〈일본어 왕초보 첫걸음〉 이런 책 한권이면 충분하다.

3. 2개월부터 3개월까지

이제 본인이 익힐 애니메이션을 준비할 때다. 초보자들은 애니메이션 중에서도 일상 대화가 많은 애니메이션을 고르는 것이 중요하다. 나중에 어느 정도 실력이 올라가면 보고 싶은 애니메이션을 골라도 된다. 〈명탐정 코난〉이나 〈원피스〉 등의 애니메이션을 당장 보고 싶더라도 가능하면 6개월이 지난 다음에 도전하라. 처음부터 너무 높은 기준을 정하면 일찍 포기하기 때문에 현재 수준에서 충분히 소화 가능한 애니메이션을 고르는 것이 좋다. 필자는 이 시기에 〈이웃의 토토로〉나 〈벼랑위의 포뇨〉를 추천한다. 필자도 일본 애니메이션에 처음 도전할 때 〈이웃의 토토로〉부터 시작했다. 〈이웃의 토토로〉는 내용도 쉽고 감동적이다. 또한 재미도 있다. 어른들을 동심의 세계로 이끌어줄 좋은 애니메이션이므로 토토로를 보지 않았던 분들은 이번 기회에 한번 감상해 보기 바란다. 만약 토토로 같은 수준의 애니메이션을 추천받을 수 있다면 그 애니메이션으로 시작해도 상관없다. 단, 이 시기에 중요한 것은 제대로 된 대본이 있냐 없냐이다. 제대로 된 일한 대본이 있어야만 훈련이 가능하다.

일한 대본이 구해졌으면 이제 청취에 들어간다. 미드나 일드, 애니 모든 방식에서 추천하는 방법은 다음과 같다.

첫 번째, 동영상 플레이어를 이용하여 한글 자막을 깔고 영상을 한 번 시청한다. 가급적 전체 내용이 연속해서 쭉 이해가 되도록 여러 번 볼 것을 추천한다. 눈감고도 장면이 펼쳐질 정도로 볼 것을 강추한다. (물론 이렇게 보실 분들이 많진 않겠지만 이렇게까지 보시는 분들은 나중에 일본어 회화 실력이 일취월장할 것이다.)

두 번째, (만약 있다면) 일본어 자막만 깔고 영상을 시청한다. 사실 시중에 일본어 애니메이션의 한글 자막은 많아도 일본어 자막이 돌아다니는 것은 거의 찾아보기 힘들다. 필자의 네이버 카페인 더쿠애니회화닷컴에서는 이러한 애니메이션의 일한 대본을 제공할 예정이므로 카페에 등록해서 다운받아 활용할 것을 추천한다.

세 번째, 자막을 끄고 영상만으로 시청한다. 이때는 자막에 의존하지 않고 순수하게 들리는 일본어만으로 시청해야 한다. 아마 처음에는 무슨 말인지 대부분 알아듣지 못할 것이다. 간단한 인사말 정도 혹은 의성어, 의태어 정도만 알아들을 것이다. 하지만 걱정할 필요없다. 나중에는 이러한 부분들이 수월하게 들릴 것이다. 하나의 애니메이션만 반복해도 어느 정도 자신감이 붙게 되므로 열심히 반복 청취하면 된다.

4. 3개월부터 6개월까지

본격적인 말하기 훈련을 수행한다. 이때는 동영상 플레이어가 아닌 훈련용 플레이어를 준비해야 한다. 훈련용 플레이어는 기기별로 여러 가지 버전이 있으므로 각자의 환경에 맞게 준비한다. 윈도우에서도 가능하며 안드로이드, 아이폰, 아이패드에서도 연습할 수 있으므로 사실상 어떤 환경에서도 훈련을 할 수 있다.

반드시 최소 하루 1시간은 본 프로그램으로 말하기 훈련을 큰소리로 따라하면서 반복해야 한다. 주말에는 하루 2시간씩은 투자하여 금주에 배웠던 내용들을 전체적으로 복습하면서 따라한다.

실제 말하기 훈련 방법이 핵심이므로 이 부분에 대해서는 다음 글에서 소개하도록 하겠다. 이 기간에 앞에서 언급했던 기초 문법책을 참고하면서 봐야 한다.

5. 6개월 이후

6개월 이후에는 좀 더 어려운 애니메이션(〈명탐정 코난〉, 〈슬램덩크〉, 〈원피스〉 등)에 도전해도 된다. 이때에도 주의할 점은 반드시 일한 스크립트를 구해야 한다는 것이다. 한글 자막은 의역이 많고 애니메이션 대사와 일치하지 않으므로 한글 자막만 가지고 본 훈련을 하는 것은 추천하지 않는다. 더쿠애니회화닷컴을 통해 필자가 공부했던 애니메이션의 일한 대사 스크립트를 지속적으로 제공할 예정이니 이곳을 이용하는 것도 괜찮을 것이다.

지브리 스튜디오의 애니메이션들은 대부분 대사 스크립트를 구하기 쉬운 편이니 받아서 일한 자막을 본인이 만들어서 사용해도 좋다.

이렇게 내가 듣고 말할 수 있는 애니메이션을 점점 늘려가는 것이 본 훈련의 핵심이다. 훈련한 애니메이션이 쌓일 수록 내가 듣고 말할 수 있는 내용이 늘어난다. 또한 어느샌가 자신도 모르게 잘 모르는 대사나 장면도 고개를 끄덕이며 보게 된다. 단어를 잘 몰라도 이해할 수 있게 되고 대충의 뜻을 이해하게 된다. 이때가 바로 문법책을 참고해도 될 시기다. 동사의 변화나 촉음의 생략이나 관용어 같은 것들을 익혀 나가면 된다. 일단 기초적인 대화가 되는 단계이므로 내가 습득한 애니메이션에 있는 문장들을 최대한 활용해서 대화를 시도해본다. 실제 대화 상대가 없다면 브레인 트레이닝을 통해 애니메이션의 캐릭터들과 대화를 하는 것도 좋은 방법이다. 이렇게 지속적으로 훈련하다 보면 내가 말할 수 있는 문장이 점점 늘어나 일본어에도 자신감이 생기게 된다. 6개월에서 1년 이후가 지나면 일본어 회화가 편해지고 실제 일본인과 만나더라도 회화가 가능하게 될 것이다.

4.6 내가 일본어 한자를 익히는 방법

앞의 글에서 히라가나와 가타카나를 익히는 방법을 설명하였다.

일본어를 공부하거나 말을 배우려는 사람들에게 "일본어 배울 때 뭐가 제일 어려울 것 같으냐"라고 물어보면 대부분이 "한자를 익히고 발음하는 것"이라고 할 것이다.

일본어 한자는 우리나라에서 사용하는 한자와 비슷하다. 필자는 중학교 시절에 한자를 배웠던 세대여서 한자에 대한 부분은 어느 정도 알고 있었다. 한자를 어느 정도 알고 있었기에 일본어를 해석할 때 도움이 많이 되었던 것은 사실이다. 더구나 일본어로 발음했을 때 비슷하게 발음을 내는 한자도 있다. 가령 '도구', '기분'의 경우 우리가 말하는 한자 발음과 일본어로 말하는 발음이 거의 비슷하다.

하지만 그것도 몇 개 되지 않는다. 예외 같은 몇 개의 한자만 빼면 대부분의 한자는 우리가 생각하는 한자의 발음과는 다르다.

이 정도가 되면 이제 머리가 아파진다. 그 많은 한자들의 발음 방법을 외워야 하기에 이때부터는 일본어에 흥미가 떨어지고 한자로 된 단어만 외우고 있는 본인의 모습을 볼 수 있다. 특히 JLPT 같은 시험을 보려면 수많은 한자의 나열에 질려버릴 것이다. (시중에 가서 JLPT 단어편을 한번 보라. 필자의 말이 이해가 갈 것이다.)

이런 피곤한 상황을 타개할 방법이 있기나 한 것일까?

여기서 다시 필자의 애니메이션 사랑이 이어진다. 애니메이션을 보다 보면 무수한 한자가 등장한다. 자주 보는 애니메이션에는 자주 등장하는 한자가 존재한다. 예를 들어 〈명탐정 코난〉에 자주 등장하는 단어로는 '탐정', '소년', '구급차', '살인 사건', '형사', '추리' 등이 있다. (탐정물이라 살인 사건을 자주 다룬다.) 그 외에 일본에서 일상생활에 흔히 사용하는 한자들이 무수히 나온다. 이런 한자들을 성우들의 멋진 발음과 함께 배울 수 있다. 특히나 〈명탐정 코난〉을 중급 일본어 회화 교재로 추천할 수 있는 이유는 다양한 일본 문화와 생활 양식을 배울 수 있기 때문이다. (단, 코난은 듣기 실력이 약간 늘어난 상태에서 보면 좋다. 하지만 한국어 자막만 켜놓고 그냥 봐도 충분히 괜찮다.)

더구나 비슷한 내용의 문장이나 단어가 반복되기 때문에 한자 실력도 늘어난다. 여기서 말하는 한자 실력은 한자를 알아듣는 실력이다. 한자를 글자로 쓰는 것과는 다른 문제다. 글자로 쓰는 것은 별도로 학습해야 한다. 하지만 일본에서 살지 않는 한 한자를 종이에 직접 쓸 일은 별로 없다. 대부분 한자를 쓸 때는 컴퓨터로 타자를 치기 때문에 한자의 발음을 알고 있다면 타자로 쳐서 한자를 입력할 수 있다.

赤城：よし 新入部員は一列に並べ お前も並べ
花道：うん まあ 俺も一 新入部員ではあるな
キャプテンに勝った男とはいえ一理ある
野　眼 垂れてやがる上等じゃねえか
我慢だ 花道 大人になれ
俺は キャプテンに勝った男だ
言いかえれば次期キャプテンの座が約束された男
流川などとは に 次元の違う所にいるのだ

〈슬램덩크〉 대본의 일부분이다. 한자가 엄청나게 많이 나온다. 일본어 초보는 위에 나오는 일본어 한자만 봐도 질려버릴지도 모른다.

'저 많은 한자를 다 공부해야 하는 거야?'라고 말이다. 그러나 어렵게 생각할 필요가 없다. 애니 일본어에서는 저 많은 한자를 기를 쓰고 익힐 필요가 없다. 훈련 프로그램에 귀를 기울이고 애니 영상을 보면서 대사를 반복해서 따라다 보면 대사는 자연스럽게 내 것이 된다. 한자를 굳이 외우려고 하지 말자. 일단은 알아듣고 말로 내뱉는 것이 우선이다.

한자를 글자로서 익히려고 하지 말자. 애니메이션을 즐겁게 보면서 자연스럽게 습득할 수 있는 부산물로 생각하면 어떤가? 비즈니스에서 사용해야 하는 일본어는 약간 다를 수 있으나 일상생활에서 말하는 한자라면 애니메이션과 같은 재미있는 영상물을 보면서 자연스럽게 습득할 수 있다.

4.7 뇌를 알면 외국어 말하기가 쉬워진다

우리의 뇌를 잘 알면 외국어를 말하는 것이 더 쉬워진다.

우리가 평소에 배우고 습득한 내용은 우리 뇌의 단기 기억방과 장기 기억방에 저장된다. 단기 기억방에는 잠깐 동안 스쳐가는 기억들이 저장된다. 우리가 일상적으로 새롭게 배우는 내용들은 모두 단기 기억방에 저장된다고 보면 된다. 이와는 반대로 장기 기억방에는 오랫동안 기억해야 할 것들이 저장된다. 가령 우리집 현관의 비밀번호나 집 근처에 어떤 건물들이 있는지 등의 기억들은 장기 기억방에 보관된다. 장기 기억방에 보관되는 정보들 중에서 가장 강렬하게 보관되는 것은 '에피소드 기억'이다. 가령 어제 본 영화에서 강렬하게 기억에 남았던 장면은 1달이 지나도 기억이 난다. 이런 기억들은 장기 기억방에 보관되어 한동안 잊혀지지 않는다.

우리의 외국어도 단기 기억방이 아닌 장기 기억방에 저장되어야 한다. 정보를 장기 기억방에 보관하는 방법은 두 가지다.

첫 번째는, 정기적인 단순 반복이다.

독일의 심리학자인 에빙하우스가 주창한 에빙하우스의 망각 곡선(아래 그림 참고)에 대해 알고 있는가? 뇌 과학에서 워낙 유명한 학설이라 대부분의 독자들은 알고 있을 것이다. 에빙하우스 망각 곡선에 따르면 뇌에 들어온 새로운 정보는 1시간이 경과하면 50% 이상이 사라지고 하루가 지나면 60%, 1주일 후에는 70%, 1달 후에는 80%가 사라진다. 이런 논리에 따르자면 새롭게 들어온 정보를 지속적으로 기억하려면 10분, 1시간, 1일, 1개월 주기로 똑같은 정보를 계속해서 주입시켜 주어야 한다.

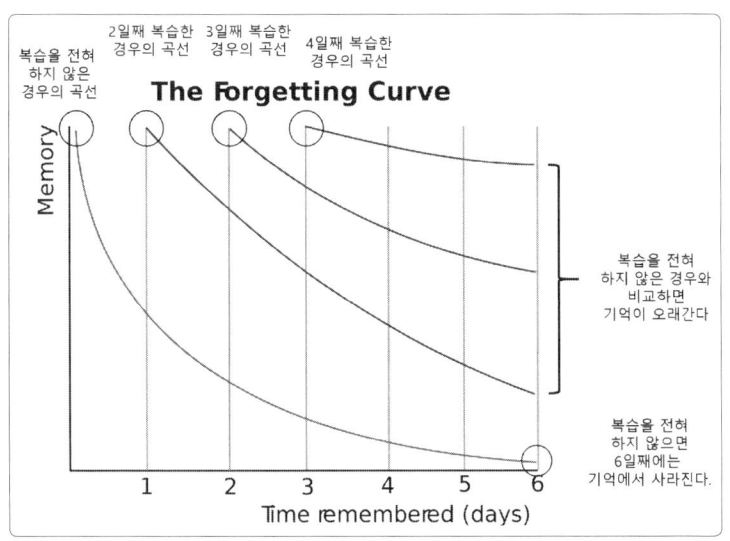

이와 관련하여 외국어 학습에서 많이 활용되는 것이 단어를 암기할 때 사용하는 플래시 카드이다. 빈 플래시 카드의 앞면에 외국

어 단어를 적고 뒷면에는 모국어로 뜻을 적은 다음 내가 새롭게 알게 된 단어를 지속적으로 반복하여 학습하는 것이다. 이렇게 하면 단기 기억에 있던 새로운 단어가 장기 기억방으로 들어가고 단어는 더 이상 새로운 단어가 아닌 오래된 익숙한 단어가 된다. 이런 방식으로 단어를 암기하는 것을 플래시 카드 방식 암기라고 부른다. 단어만 적으면 암기가 잘 되지 않으므로 앞면에 그림과 같은 이미지가 같이 있으면 암기에 도움이 된다. 하지만 역시 단순하게 반복해야 하므로 지루함을 지울 수는 없다.

두 번째는, 위에서 언급한 '에피소드 기억'이다.

단순 반복보다는 장기 기억방으로 새로운 내용을 좀 더 효율적으로 옮길 수 있다. 단지 '에피소드 기억'이라는 것은 인위적으로 발생시키기가 쉽지 않기 때문에 흔하게 사용할 수 있는 방법은 아니다. 단지 우리의 애니메이션 말하기 훈련 방식에서는 학습자가 재미있어하는 애니메이션 콘텐츠를 사용하기 때문에 외국어 문장을 보다 쉽게 장기 기억방으로 옮길 수 있다.

더구나 애니메이션 내에서 새롭게 나오는 단어를 익히면 단어를 별도로 암기하는 것이 아니라 애니메이션 내에서 단어를 자연스럽게 습득하게 된다. 에빙하우스의 망각 곡선에 의거하여 말하기 훈련을 반복한다면 영상과 이미지를 동시에 저장하면서 단어 및 문장 등을 장기 기억방으로 수월하게 옮길 수 있다.

4.8 만화책은 훌륭한 부교재이다

애니메이션의 원작인 만화책은 말하기 훈련에 있어서 중요한 학습 도구가 된다. 앞에서 언급한 일한 자막을 만들기 위한 최적의 부교재가 바로 일본 원작 만화책(아래 그림 참고)이다.

대부분의 애니메이션들은 원작 만화책을 애니메이션으로 만든 것이다. 따라서 원작 만화책이 출시된 이후에 인기가 있으면 애니메이션으로 만들어진다.

〈명탐정 코난〉, 〈원피스〉, 〈슬램덩크〉, 〈드래곤 볼〉, 〈이니셜D〉 등 우리나라에서 인기있는 애니메이션들은 모두 만화책을 기반으로 제작되었다.

애니메이션으로 말하기 훈련을 하는 데 만화책이 필요한 이유는 다음과 같다.

첫째, 애니메이션으로 회화를 배우기 위해 원작 만화책으로 내용이나 스토리를 먼저 이해하면 많은 도움이 된다.

만화책의 내용이 애니메이션과 완전히 동일하지는 않다. 하지만 대부분의 대사나 흐름 자체는 비슷하기 때문에 예습 차원에서 미리 학습할 수 있다. 만화책에 나오는 단어나 문장을 미리 정리해 두고 말하기 학습에 임하면 효과가 배가된다.

둘째, 원작 만화책에 있는 대부분의 대사들은 애니메이션에도 그대로 나오기 때문에 일한 대본을 만들 때 엄청난 도움이 된다.

만화책에 나오는 한자에는 모두 히라가나가 붙어 있다. ('후리가나'라고 부른다.) 한자의 발음에 대한 부분도 확인할 수 있기 때문에 한자가 애니메이션에서 어떻게 발음이 되는지도 확인할 수 있다. 또한 자막을 만들 때도 한자의 후리가나 부분이 필요하기 때문에 자막을 쉽게 만들 수 있다. 만약 한글 자막 제작에 자신이 없다면 일본어 자막을 만들고 구글 번역기를 통해 한글 번역을 참고하여 한글 자막을 만들면 된다. 일본어는 구글에서 일본어 입력기를 다운받아서 설치하면 된다. 윈도우 자체에서 설치 가능한 일본어 입력기는 그다지 좋지 못하므로 구글에서 제공하는 일본어 입력기를 설치할 것을 추천한다.

이렇게 원작 만화책은 훌륭한 교재가 될 수 있다.

필자는 일한 자막을 만들 때 만화책의 도움을 많이 받고 있다. 애니메이션 대사들과 만화책의 대사들을 분석한 후 일한 대본을 만들 수 있다. 이렇게 만든 대본을 말하기 훈련에 그대로 활용할 수 있다.

혹자는 만화책 보는 것을 시간 낭비라고 말할지는 몰라도 사용하는 방법에 따라서는 이렇게 훌륭한 교재로 재탄생할 수 있다.

기초를 어느 정도 벗어나면 일본어 대본을 직접 만들어 보라. 애니메이션에서 모든 대사를 추출하기 힘들면 만화책을 통해 대사를 유추한다. 만화책을 분석하는 그 자체로도 일본어 공부가 될 수 있기 때문에 대본을 즐겁게 만들 수 있을 것이다.

만화책이 원작인 애니메이션은 매우 많으므로 어떤 만화책과 애니메이션을 공부에 활용할 것인지도 즐겁게 고민할 수 있다. 그야말로 어학 리소스를 직접 선택하는 능동적인 학습이 가능해진다.

4.9 회화를 단기간에 늘리려면 브레인 트레이닝하라

이쯤에서 필자가 일본어 회화를 학습하면서 회화 실력이 급격하게 늘어난 비결 한가지를 공개하고자 한다. 비결이라고 할 수도 있고 이미 이렇게 실천하고 계시는 분들도 있는지는 모르겠다. 쉽게 실천하기는 어려운 방법이지만 알려주려고 한다.

이 방법의 이름은 "쉐도우 브레인 트레이닝"이다. 복싱에서 사용하는 "쉐도우 훈련"을 들어보셨을 것이다. 흔히 스파링 파트너가 없어서 혼자서 복싱 연습을 할 때 주로 많이 사용된다. 쉐도우 복싱은 링 위에 상대가 있다는 가정하에 상대가 어떻게 움직일 것인지를 상상하면서 그에 따라 어떻게 대응해야 하는지 궁리하면서 움직이는 것이다. 마치 실제 링 위에 상대방과 복싱 경기를 한다고 생각하고 혼자서 움직이는 것이다. 대상은 구체적일수록 좋다. 다음 링에서 만날 상대 선수의 특징과 특기를 생각하면서 그에 따라 어떻게 움직여야 할지를 훈련하는 것이다. 상대방이 오른쪽 스트레이트를 내밀면 나는 훅으로 반격한다거나 상대방이 뒤로 물러나면 나는 전진하면서 스트레이트를 한방 먹인다거나 하는 식이다. 막연한 상대가 아니고 당장 다음 경기에서 만날 상대라면 기를 쓰고 연구할 것이고 구체적인 대응 방법이 나올 것이다.

자, 이를 이제 일본어 회화 연습에 적용해 보자.

먼저 일본어로 대화하고 싶은 상대를 정해보자. 애니메이션에 나오는 상대방도 좋고 최근에 만나는 일본 사람도 좋다. 가능한 이제까지 배운 내용을 총 동원해서 그 사람의 이미지를 떠올려라.

그런 다음, 머릿속에서 갖가지 상황을 만들어 낸다. 이 사람이 이렇게 말하면 나는 어떻게 대답해야 할까? 이 대답을 하고 나서는 어떤 질문을 해야 할까? 답변은 또 어떻게 하는 것이 좋을까? 날씨에 대해 물어볼까? 여행에 대해 물어볼까? 가상의 인물을 내 머릿속에 넣어두고 스파링 파트너로 삼는 것이다. 좀 황당한가? 이 훈련의 장점은 다음과 같다.

첫 번째, 맹목적인 회화 훈련을 지양하게 해준다.

우리가 일반적으로 보는 교재는 직선적이다. 주로 책에 있는 내용만 배우고 나면 덮어버린다. 이래서야 다양한 내용을 접하기 어렵다. 언어는 직선적인 한 방향만 있는 것이 아니다. 특히 어학책은 콘텐츠가 한정되어 있으므로 배울 수 있는 내용의 양이 상당히 적다. 그 안에 있는 콘텐츠만 안다고 회화가 되지 않기 때문이다.

두 번째, 다양한 상황에 대처하는 능력이 생긴다.

머릿속에서 실시간으로 가상의 상대와 대화를 해보라. 상상의 나래를 펼쳐서 그 사람이 다양한 질문을 던지게 만들어라. "언뜻 들으면 내가 말할 게 별로 없는데 상대방이 어떻게 말을 하게 하냐?"라고 하겠지만 상대방은 우리나라 말로 질문해도 된다. 나만 일본어로 머릿속에서 대답하면 되는 것이다. 우리 주변에서 일어나는 일상 생활에 대해 가상의 상대가 질문하게 만들면 된다. 그리고 나는 그것을 일본어로 즉시 바꾸는 연습을 하면 되는 것이다. 아는 것이 없어서 대답할 게 없다고? 상관없다. 현재 대답할 수 없더라도 그것을 생각해 두었다가 나중에라도 다시 훈련하면 된다. 머릿속에서 훈련하는 것이므로 주변 사람에게 쪽팔릴 필요도 없고 시간만 있다면 얼마든지 연습할 수 있다. 이런 연습을 필자는 초보자 시절에 길거리를 걸어다니면서도 했었다. 가끔은 내가 생각한 질문에 바보 같이 씩 웃기도 하는 어이없는 상황이 생기기도 했었다. 이런 연습을 하면 머릿속을 압박하게 되어 상당한 훈련이 되고 이것이 숙달되면 나중에는 의식하지 않고도 일본어로 말을 할 수 있게 된다. 믿어지지 않겠지만 한번 해보면 상당한 도움이 될 것이다.

세 번째, 스스로 회화 사전이나 단어장을 찾아보게 된다

다양한 상황에 다양한 질문과 단어가 나오기 때문에 기억해 두었다가 단어장이나 회화책에서 찾아서 익히면 된다. 이렇게 익히면

머릿속에도 오래 남는다. 이것은 "에피소드 기억법"이라고 해서 보통 영화같은 데에 나오는 강렬한 기억을 이용한 학습 방법인데 이렇게 브레인 트레이닝을 하면 그 순간에 내가 만든 기억이 남기 때문에 오래 기억을 하게 된다. 가능한 재미있는 상황을 많이 만들면 많은 것을 기억할 수 있다.

이런 훈련을 6개월 정도만 하면 초보자도 빠른 실력 향상을 경험할 수 있다. 초보자라서 아는 것이 많이 없다고 이런 훈련을 못하는 것은 아니다. 문제는 이렇게 연습하는 시간을 별도로 내야 하는 열정이 당신에게 있느냐 없느냐이다. 일본어를 절실히 말하고 싶다면 이렇게 연습해보라. 얼마 지나지 않아 일본어 실력이 일취월장하고 있는 당신의 모습을 보게 될 것이다. 당장 오늘부터 실천해보라!

더쿠애니가 일본어 회화 학습에 추천하는 애니 베스트 6

6. 명탐정 코난(名探偵コナン)

〈명탐정 코난〉은 일본 만화가 아오야마 고쇼에 의해 만들어졌습니다. 1994년부터 현재까지 일본의 〈주간 소년 선데이〉에 연재 중입니다. 애니메이션은 1996년 1월부터 요미우리 TV와 TMS에서 제작하여 니혼테레비의 각 계열 방송국을 통해 방송되고 있습니다.

고등학생 탐정 쿠도 신이치는 어느날 유원시에서 사건을 해결하고 검은 옷을 입은 사나이들을 미행하다가 들킵니다. 진이라는 사나이에게서 강제로 약을 먹은 후 초등학교 1학년의 어린이로 돌아갑니다. 아버지가 탐정인 소꿉친구 란의 집에 얹혀살게 된 신이치는 란의 아버지인 코고로 대신 우수한 두뇌로 여러 가지 사건 사고를 해결해 나갑니다. 또한 그와 동시에 검은 옷을 입은 사나이들의 비밀 집단에 대해서도 계속해서 정체를 밝혀 나갑니다. 20년이 지난 지금도 방영할 정도로 일본의 최장편 탐정 애니메이션 중에 하나로 꼽히고 있습니다.

명탐정 코난으로 일본어 회화 공부하기

1. 종합 평가 : ★★★★☆
2. 문장 난이도 : ★★★★☆
3. 대사 스피드 : ★★★☆☆
4. 단어 수준 : ★★★★☆

우리나라에서도 케이블 TV에서 〈명탐정 코난〉을 방영하고 있습니다. 이 애니메이션의 시청 연령은 7세입니다. 아이들이 보는 유치한 탐정 애니메이션이라고 생각할 수 있습니다. 저도 〈명탐정 코난〉을 처음 접했을 때는 그렇게 생각했습니다. 실제 시즌 1을 보면 내용이 상당히 유치해 보이고 재미가 없을 것 같아 보입니다. 하지만 시즌을 거듭하면서 서서히 밝혀지는 검은 옷을 입은 사나이들의 범죄 단체에 대해 FBI와 함께 그 흑막을 조사해 가면서 벌어지는 이야기들은 손에 땀을 쥐게 합니다.

일본어 학습 관점에서 보면 코난의 일본어 수준은 초보자를 기준으로 볼 때 굉장히 높습니다. 저도 한때 이 애니메이션을 보면서 일본어를 공부해 보았지만 단어의 수준이나 내용의 수준이 굉장히 높은 편에 속합니다. 탐정 드라마이기 때문에 여러 가지 물건 이름부터 지명 이름 등이 자주 나옵니다. 더구나 일본의 여러 지역을 이동하면서 그 지역의 명소나 사투리가 나오기 때문에 일본어 중급 정도의 난이도라고 생각합니다. 섣불리 코난 애니메이션으로 일본어를 학습해 보겠다고 생각하시는 분이 계시다면 학습 타깃을 다시 잡기 바랍니다. 어느 정도의 일본어 학습을 진행한 분이 아니라면 학습에 상당히 어려움을 겪을 것입니다.

우리나라에도 만화책이 꾸준히 출간되고 있으며 일본어 만화책도 쉽게 구할 수 있기 때문에 학습 자료는 어렵지 않게 구할 수 있습니다. 현재 800회 이상 방영하고 있기 때문에 학습 자료로도 꾸준히 활용할 수 있으며 특히 일본어 리스닝을 하기에는 더할 나위 없이 좋은 학습 자료라고 생각합니다. 필자는 아직도 〈명탐정 코난〉을 보고 들으면서 일본어 리스닝 연습을 하고 있습니다. 꾸준히 학습하면 여러분의 일본어 리스닝 실력을 한 단계 향상시켜 줄 것입니다.

five

일본어,

이제 스트레스 없이 즐기면서 배우자

5.1 지금 당신이 일본어를 익혀야 하는 이유

필자가 일본어를 익히라고 강조하는 이유는 뭘까? 일본어는 어디까지나 외국어이다. 일본어 어순이 우리말과 같다고는 하지만 뒤로 갈수록 한자어의 압박이라던지 어려운 경어체의 사용과 같은 난관이 여러분을 기다리고 있다. '들어갈 때는 웃지만 나올 때는 울면서 나온다'는 말이 딱 맞을 정도로 일본어는 처음에는 쉽지만 가면 갈수록 어려워진다.

그럼에도 불구하고 필자가 일본어를 익히자고 하는 이유는 무엇일까? 그 이유는 다음과 같다.

첫 번째, 일본과의 비즈니스 찬스가 다시 도래하기 때문이다.

지금 우리나라와 일본의 교류는 예전 같지 않다. 일본도 경제 침체로 불황을 겪고 있고 우리도 일본의 장기 침체와 흡사한 상황으로 가고 있다. 이런 상황에서 한국과 일본의 경제 동반 침체에 대해 아시아 지역에서도 우려하고 있다. 이런 상황에서 2020년에 일본에서 동경올림픽이 열린다.

이제 감이 오는가? 바로 올림픽이 일본에서 개최되는 것이다. 우리는 1988년 올림픽과 2002년 월드컵을 통해 전 세계인의 주목을 받았다. 그에 따른 경제적 효과 또한 엄청났었다는 사실을 몸소 체험으로 알고 있다. 이런 상황에서 옆 나라 일본의 올림픽 개최는 새로운 기회가 될 수 있다. 일본은 우리와 너무나도 가까운 나라다. 물론 일제 강점이라는 좋지 않은 기억의 잔재가 남아 있지만 정치적인 부분보다 경제적인 부분으로 따지자면 훨씬 기회가 많다고 할 수 있다. 일본도 2020년 올림픽을 통해 또 한 단계의 도약을 기대하고 있다. 현재 침체된 일본 경기를 다시 살릴 수 있고 세계인들의 관심을 일본으로 한번 더 유도할 수 있을 것이다. 그에 따라 우리도 경제 특수를 노려볼 수 있을 것이다.

이렇듯 앞으로 3년 남짓 남은 시간 동안 일본어를 프리토킹 수준까지 올려보는 건 어떨까? 사람의 앞날이란 알수 없는 것이다. 혹시 아는가. 그 사이에 일본어를 유창하게 해서 나에게 비즈니스 찬스가 도래할런지? 세상 일은 아무도 예측할 수 없다. 그래서 지금이 일본어를 다시 한번 해볼 만한 시기라고 하는 것이다.

두 번째, 우리 청년들의 일본 취업이 늘어나고 있다는 것이다.

특히 일본 IT 쪽에서 우리 청년들의 취업율이 상승하고 있다. 현재 우리나라의 실업률은 상당히 높다. 젊은이들이 취업을 할 수가 없어서 캥거루족이라는 오명을 쓰고 부모님에게 얹혀서 아르바이트나 하면서 살고 있다. 이는 국가적으로 엄청난 낭비이다.

한창 내일의 꿈을 이루기 위해 일할 시간을 아깝게 낭비하고 있는 것이다.

최근에는 일본 기업들이 우리나라 인재들에 대해 많은 관심을 보이고 있다고 한다. 이유는 일본 청년들은 일을 너무 하지 않으려고 하는데 우리나라 청년들은 일하기 싫어서가 아니라 일거리 자체가 없어서 캥거루족이 되는 경우가 많기 때문이다. 이런 상황에서 일본 취업 시장을 노리는 것도 현재 상황을 벗어날 돌파구가 될 수 있다. 일본에 취업하려면 일본어를 잘해야 한다는 전제조건이 붙는다. 보통 일본에 취업하기 위해서 JLPT 2급 정도는 따고 가야 한다고 조언한다. 하지만 JLPT는 조건일 뿐이고 실제로 일본에서 일을 하려면 의사소통이 최우선이 되어야 한다. 의사소통이 되지 않는 상태에서는 JLPT 1급을 따던 엄청난 IT 기술을 가지고 있던 의미가 없다. 하지만 기존 방식대로 언어를 습득하려고 하면 최소 2-3년은 문법책을 붙들고 현장에서는 사용할 수도 없는 대화를 암기해야 할 뿐이다. 마음이 급하다고 해서 초보자가 비즈니스 일본어 책을 들고 외운다고 해도 실제 상황에서 대화를 술술 할 수 있기란 쉽지 않다. 일단 말이 자연스럽게 나오게 만들어야 그후에 비즈니스 일본어를 배우든 경어를 배울 수 있다. 이런 점에서 일본어 회화가 단기간에 되게 하는 것은 상당히 중요하다.

일본어 회화를 단기간에 소통할 수 있는 수준으로 만들어 두고 실제 일본 직장에서 몸소 부딪히면서 배워야 하는 것이다. 어차피 전문 용어는 실제 일을 하면서 배워야 하기 때문에 여기서 아무리 암기하고 외워본들 현장에서 배우는 것보다 빨리 배울 수 없기 때문이다.

이렇듯 일본어를 지금부터 배워두면 분명 많은 도움이 된다. 중국어가 유행이라 중국어를 배워 두어야 할 것 같지만 일본어에도 아직은 기회가 있기에 접근하기 쉬운 일본어부터 배워두면 분명히 나중에 유용하게 쓰일 것이다. 외국어는 다다익선이다. 많이 익혀두면 그만큼 내 인생에 플러스가 된다. 대신 고달프게 힘들게 배우지는 말자. 어디까지나 외국어는 즐겁게 배워야 한다. 외국어를 즐겁게 배울 수 있는 방법을 찾자. 내가 몰입할 수 있는 리소스로 훈련하다 보면 힘든 훈련도 즐겁게 느낄 수 있을 것이고 어느 순간 일본어 회화라는 벽을 넘을 수 있을 것이다.

5.2 본인이 가장 좋아하는 애니메이션으로 시작하라

토토로 같이 난이도가 낮은 것으로 시작하되 끝나면 〈슬램덩크〉 같은 애니로 시작하라. 하지만 일본어를 처음 시작하는 왕초보에게는 토토로조차 학습하기 쉽지 않을 것이다.

〈명탐정 코난〉이나 〈원피스〉, 기타 유명 애니메이션은 편 수가 많기 때문에 학습용으로 삼기에는 일본어 초보자에게는 무리다.

〈이웃의 토토로〉를 3개월 안에 끝낸다고 생각하고 나머지 3개월 동안에는 필자가 추천하는 〈도라에몽〉이나 〈슬램덩크〉로 학습해 보면 어떨까? 〈도라에몽〉은 짧은 영상으로 구성되어 있어서 부담이 없다. 또한 생활 일본어가 대부분이기 때문에 회화체 일본어를 배우는 데 적합하다. 〈슬램덩크〉에는 폭력적인 장면도 조금 나오기는 하지만 사쿠라기(강백호)가 하루코(소연)에게 말하는 어투는 반말체가 아니라 존중체이므로 일반적인 존중체와 반말체를 동시에 배울수 있다. 거기다 일단 재미있다. 농구 만화를 좋아하는 사람에게는 이보다 좋은 교재가 없을 정도이다.

왕초보를 벗어나 이제 일본어가 어느 정도 들리고 약간의 일본어 문장을 말할 수 있는 시기가 되면 필자는 다양한 애니메이션에 도전하라고 말하고 싶다.

〈명탐정 코난〉은 추리 만화를 좋아하는 사람에게는 필히 추천하는 애니메이션이다. 자동차를 좋아하는 사람에게는 〈이니셜D〉를, 판타지 만화를 좋아하는 사람에게는 〈원피스〉 같은 애니메이션을 추천한다.

(대신 말장난을 너무 즐기는 애니메이션이나 폭력적이고 액션신만 난무하는 애니메이션은 지양하자. 학습에는 어디까지나 학습에 도움이 되는 것을 사용해야 한다.)

재미있게 즐기되, 한 가지 조언을 하자면 말하기 훈련을 위해 필자가 누누히 언급했던 통합 스크립트 제작을 본인 스스로 해야 한다는 것이다.

이게 일본어도 모르는 초보가 가능한 일이냐고? 그렇다. 그래서 필자가 일본 원작 만화책을 부교재로 삼으라는 것이다.

원작 만화책의 장점은 앞에서 설명했으니 더 이상 설명하진 않겠으나 교재로서 이보다 좋은 책은 없다. 만화책에 나오는 대사가 애니메이션에서 거의 흡사하게 나오기 때문에 만화책을 움직이는 영상과 원어민의 소리로 들을 수 있는 최상의 교재가 바로 애니메이션이다. 애니메이션의 대본이 만화책이라고 해도 과언이 아닐만큼 만화책과 애니메이션의 대사가 흡사하므로 혼자 스크립트를 만들 때는 반드시 참고하도록 하자.

이렇게 만드는 스크립트의 범위는 제한이 없다. 일본 드라마로 이렇게 스크립트를 만들수 있을까? 아니 불가능하다. 별도의 대본이나 스크립트가 주어지지 않는 한 여러분이 스크립트를 만드는 일은 불가능하다.

하지만 만화책과 애니메이션의 조합이라면 가능하다.

내가 좋아하는 애니메이션을 가지고 일본어도 습득할 수 있다니 일석이조가 아닌가? 남이 만든 재미없는 교재로 더 이상 학습하지 마라.

당신의 일본어 학습에 열정과 정열을 불러일으키는 애니메이션으로 시작하라.

5.3 초조함을 버려라. 확 늘어나는 시기가 반드시 온다

앞에서부터 필자의 이야기를 열심히 읽고 애니메이션으로 일본어를 공부하기 시작한 독자가 있다면 축하한다. 일본어를 가장 빠르게 말할 수 있는 방법을 선택한 것이다.

하지만 아무리 좋은 방법을 선택했다 하더라도 본인의 노력이 없다면 말짱 도로묵이 된다.

어떤 방법이든 하나를 선택했다면 최소 3개월 이상은 꾸준히 밀고 나가야 성과가 나타난다. 그렇지 않고 중간에 하다가 그만 두고 또 몇 달 있다가 다시 시작한다면 세상에 그 어떤 좋은 방법이 있더라도 허사가 된다. 어학을 배우는 사람들이 이미 알면서도 잘 안되는 부분이 바로 이것이다.

외국어를 익히는 데 가장 필요한 것이 말의 임계점에 도달하는 것이다. 임계점은 흔히 물을 끓이는 것에 비유된다. 물이 어떻게 끓는가. 물이 끓기 위해서는 뜨거운 불로 가열해야 한다. 이때 지속적으로 가열시켜 주는 것이 중요하다. 물이 끓는 그 순간이 임계점이다. 만약 불을 중간에 끈다면 물은 식을 것이고 식은 물을 다시 끓이기 위해서는 처음부터 다시 가열해야 한다.

외국어로 말이 나오는 것도 이와 비슷하다. 물이 끓기 위해 불을 지속적으로 제공해야 하듯이 외국어로 말을 하기 위해서도 강도 높은 말하기 연습을 지속적으로 해야 한다. 그렇게 해야 외국어의 임계점을 넘길 수 있다. 지속적으로 단기간에 강한 불을 제공하지 못하면 외국어라는 물이 끓을 수 없다. 조금만 더 하면 임계점에 다다를수 있는데도 불구하고 지쳐서 포기하고 처음부터 시작하기를 반복하는 이들이 많다.

이러한 악순환을 끊기 위해서는 지속적으로 3개월 이상은 말하기 트레이닝에 매달려야 한다. 계속해서 듣고 말하는 훈련을 하다 보면 어느 순간 임계점에 도달하는 순간이 온다. 필자는 이 기간을 6개월 정도라고 본다.

영어는 3개월만에도 된다고 주장하는 사람이 있는데 이는 우리가 어릴때부터 영어를 어느 정도 배워 왔기 때문이라고 본다. 어릴때부터 많은 문장을 보아왔기 때문에 우리의 뇌 속에는 이미 많은 단어와 문장이 들어 있다. 이것을 조금만 끓게 만들면 되는 것이다.

하지만 일본어를 처음 접하는 사람이 히라가나 가타카나 같은 글자를 익히고 기초 문법을 익히고 한자를 익히며 3개월만에 일본어 프리토킹을 한다는 것은 불가능에 가까운 이야기다. 일본어를 어느 정도 글자로 보면 이해가 가는데 말하기가 안되는 경우, 말하기 훈련을 성실히 수행한다면 6개월만에 일본어 회화는 충분히 가능하다.

임계점에 도달하기 전까지는 일본어로 말이 나오지 않는다고 초조해할 필요가 없다. 그것은 누구나 겪는 일이다. 언어 고수들도 이런 과정을 모두 거쳤으며 필자도 경험했다. 문제는 단기간이라도 집중력 있고 끈기 있게 하다 보면 임계점을 넘는 기간이 짧아진다는 것이다. 초조해 하지 말고 본인이 선택한 방법을 믿고 재미있게 말하기 훈련을 하다 보면 필자처럼 일본어가 어느날 확 늘어나는 경험을 하게 될 것이라고 확신한다.

5.4 일본 여행을 단순히 여행으로 끝내지 마라

일본어를 배울 때 일본 여행을 일본어 실력을 늘일 수 있는 절호의 기회로 삼아야 한다. 얼마전 필자는 가족과 함께 일본 규슈 지방으로 여행을 다녀왔다.

여행을 가기 전 필자는 일본 여행을 일본어를 사용할 수 있는 절호의 기회로 생각하고 여러 가지 준비를 했다.

보통 일본어를 배우지 않는 사람들도 일본 여행을 무난히 잘 다녀온다. 일본은 공항이나 지하철 역에서 한국어 표기가 워낙 잘 되어 있기 때문에 우리나라 여행객들이 길을 잃어버릴 염려가 거의 없다. 그렇기 때문에 일본어를 모르는 사람들도 큰 어려움 없이 여행을 잘 다녀오는 것 같다.

이렇게 다녀오는 여행에는 일본을 방문하는 것 외에 큰 의미는 찾을 수 없다. 일본어를 한마디도 하지 않아도 일본 여행을 다녀올 수 있기 때문이다.

하지만 일본어를 배우는 관점에서 보면 그것은 엄청나게 비효율적인 방식이다.

일본에 가서 한마디도 하지 않고 돌아온다면 일본어를 배우는 사람으로서는 매우 비극적이다. 설령 일본어를 말할 기회가 생기지 않더라도 억지로라도 일본어를 사용할 기회를 만들어야 한다.

대부분의 한국 관광객을 위해 일본 사람들은 한국말을 사용하기 때문에 불편함이 없을 수도 있지만 일본어를 배우고자 한다면 억지로라도 서툰 일본어를 사용해 보아야 한다.

필자는 일본 여행을 가기 1달 전부터 규슈 지방의 지역 이름과 여행에서 움직일 동선, 그리고 해당 지역의 건물 이름을 모두 출력하였다. 혹시나 방향을 잃었을 때 한번이라도 더 일본 사람들과 대화하기 위함이었다.

가이드가 한국어로 물어와도 일본어로 대화하려고 일본어를 사용했으며 조금이라도 길을 잘못 들었다는 생각이 들면 일본 사람들에게 물어보았다. 편의점에서도 이것저것 배웠던 것들을 사용해 보려고 일본어를 사용했으며 사지도 않을 물건에 대해 이것저것 물어보기도 하였다.

일본어를 실제 사용해 볼 수 있는 이런 기회를 놓쳐서는 안된다. 초보라고 해서 아는 문장이 별로 없더라도 기본적인 길찾기나 음식 주문 같은 것들은 가급적 현장에서 사용해 보아야 한다.

설령 알아듣지 못하더라도 질문을 해봄으로써 내가 말하는 문장이 통하는지 아니면 잘못 배운 문장인지를 실전에서 확인해 보아야 한다.

일행 중에 내가 일본어를 알고 있는 유일한 사람이라면 일행이 존경하는 눈빛으로 나를 쳐다볼 것이다. 생각만 해도 우쭐해지지 않는가? 일본은 가까운 나라다. 비행기 삯도 비싸지 않고 마음만 먹으면 언제라도 갈 수 있는 나라가 일본이다.

일본어를 배우고 있다면 반드시 일본 여행을 떠나자. 일본으로 가서 내가 배운 것들을 반드시 써먹어보자. 일본어가 통하는 그 순간! 생각만 해도 짜릿하지 않는가? 알아듣지 못할 것이라고 겁먹지 마라. 일본인은 외국인에게 엄청 친절하기 때문에 당신이 잘 몰라도 알아서 해결해 주는 경우가 많다. 두려움을 없애고 가능한 많은 말들을 써먹어 보고 오길 바란다.

여행을 한번 다녀오면 의욕도 생기고 다음에 더 많은 말을 하기 위해 더 많은 훈련을 하고 싶어질 것이다. 이런 선순환 역할을 하기 때문에 그 나라의 언어를 배우고 있다면 반드시 그 나라를 방문해 볼 것을 추천한다.

동기부여도 되고 여행도 할 수 있는 1석2조의 효과를 누릴 수 있다.

혹시 일본에 갈 계획이 있디면 당장의 여행 스케쥴만 짤 것이 아니라 언어 활용 스케쥴도 같이 만들어라. 가서 지금껏 배운 일본어를 마음껏 테스트해 보고 오길 바란다.

5.5 일본어, 더 이상 공부하지 말고 즐겨라

언어는 즐기면서 해야 급속하게 성장한다. 억지로 하는 공부는 언어 향상에 별다른 도움을 주지 못한다. 억지로 시켜서 하는 공부와 내가 스스로 찾아가면서 하는 공부 중에서 어느 것이 좋겠는가. 당연히 후자일 것이다. 점수를 내기 위해 하는 공부는 몇 시간만 해도 머리 아프고 지겹지만 내가 스스로 하고 싶어서 사전을 뒤져가며 공부하는 것은 하루 종일 해도 지겹지 않다.

필자의 경우 어릴 때부터 게임과 애니메이션 보는 것을 즐기다보니 자연스럽게 일본어가 늘어났다.

보고 싶은 애니메이션에 한번 꽂히면 금요일 밤부터 주말 일요일 밤까지 쉬지 않고 본 적도 있다. 게임 같은 경우도 일본 RPG 게임을 하는 경우에 대사를 전부 해석하기 위해 사전을 찾아가며 밤새도록 즐겼던 적도 있다.

패션에 관심이 있는 여성들의 경우 일본의 패션 잡지를 사 보기도 한다. 일본에서 유행하는 트렌드라던지 어떤 옷이 요즘 젊은 여성들에게 인기가 있는지를 찾아본다. 이렇게 여러 잡지를 보면서 패션에 관련된 일본어를 배우고 자연스럽게 그 분야 지식도 넓힐 수 있다.

IT 분야의 지식을 쌓고자 하는 경우에도 일본어가 많은 도움을 준다. 우리나라의 IT가 많이 발전되어 있다고 하지만 일본의 IT 분야는 더욱 발달되어 있다. 또한 우리나라보다 신기술을 받아들이는 속도가 빠르다. 우리나라가 IT에 있어서 은근히 유행에 더디기 때문이다. 일본은 이런 IT 기술들에 대해 많은 연구를 하고 있고 또한 많은 전문 서적을 출간한다. 일본 IT 책을 한번 보신 분들은 아시겠지만 우리나라에서 출간하는 책들에 비해 상당히 자세하고 초보자들을 위해 설명이 잘 되어 있다. 그래서 영문을 번역한 책보다 일본어로 된 책을 읽어보면 보다 쉽게 이해가 되는 것을 알 수 있다. IT 분야에서 일본어를 할 줄 알고 이러한 선진 기술을 빠르게 습득하기 위해서는 일본 IT 서적을 구매해서 학습하면 국내보다 조금 더 빨리 신기술을 습득할 수 있다.

이렇게 하는 일본어는 공부가 아닌 재미로 하는 취미 생활이 된다.

누가 점수를 내라고 억지로 시키는 것이 아닌 내가 스스로 찾아서 하는 자연스러운 습득이다. 이렇듯, 일본어를 공부가 아닌 취미로 즐기는 단계가 되면 일본어를 배우는 것이 더 이상 고되고 힘든 일이 아니게 된다.

당장 대형 서점의 일본어 책 코너로 가보라. 이제까지 보지 못했던 일본어 책들이 눈에 들어올 것이다. 관심 있는 분야의 책을 하나 골라라. 처음 시작은 잡지부터 가볍게 시작해도 좋다. 잡지에 나오는 사진과 해당하는 일본어를 보면서 익숙해져라. 몇 종류의 잡지를 보다 보면 용어에 익숙해질 것이고, 익숙해지고 나면 해당 분야의 용어나 내용들을 본격적으로 학습해 보기 바란다. 나중에 본인이 일본과 관련하여 그 분야에 몸담게 될 때 어렵지 않게 적응할 수 있을 것이다.

필자와 같이 애니메이션을 취미로 가지고 있다면 당신의 일본어 회화는 일취월장할 가능성이 분명히 있다. 단순히 재미만을 위해 본다면 일본어 회화에는 도움이 되지 않을 것이다. 하지만 일본 애니메이션을 보면서 일본어 회화도 잘하고 싶다면 애니메이션은 당신의 리스닝 실력과 스피킹 실력을 높일 수 있는 좋은 도구가 될 것이다.

일본어를 배우고 싶다면 일본어와 지속적으로 친해지기 바란다. 공부의 대상이 아닌 일본어를 통해 나만의 취미를 가져보자. 애니메이션이든 게임이든 그 외 무엇이라도 좋다. 당신이 즐겁게 학습할 수 있는 콘텐츠라면 어떤 것이라도 상관 없다. 평생 써먹을 수 있는 일본어 실력. 오늘부터 준비해 보지 않겠는가?

> 더쿠애니가 일본어 회화 학습에 추천하는 애니 베스트 7

7. 가면라이더 시리즈(Kamen Rider)

이시노모리 쇼타로의 원작을 바탕으로 1971년부터 일본에서 방송된 특촬 드라마입니다. 2000년에 방영된 쿠우가 이전의 〈가면라이더〉를 '쇼와 라이더', 쿠우가부터의 〈가면라이더〉를 '헤이세이 라이더'로 구분합니다. 2000년부터 〈가면라이더〉를 현대식으로 부활시킨 헤이세이 라이더부터는 특촬 기술의 발전과 배우의 연기력에 의해 기존 라이더보다 많은 인기를 끌었고 지금까지도 계속 되어 오고 있습니다.

일반 드라마에 비해 전대물과 〈가면라이더〉는 드라마임에도 불구하고 애니메이션 취급을 받습니다. 주로 어린이 방송 채널을 통해 방영되기 때문이죠. 분량도 어린이들을 위한 드라마이므로 30분 내외로 일반 드라마보다는 짧은 편입니다. 〈가면라이더〉는 나이가 어린 아동층이 보기에는 약간 다크하고 내용 전개가 어려운 시리즈가 있지만 최근에는 에그제이드 같은 밝은 분위기의 시리즈도 만들어지고 있기에 헤이세이 초창기 시리즈보다는 덜한 것 같습니다. (초기 방영된 〈가면라이더〉 쿠우가나 아기토의 경우에는 어린아이들이 보기에는 내용이 난해하고 설정이 다크한 편입니다.)

가면라이더 시리즈로 일본어 회화 공부하기

1. 종합 평가 : ★★★★☆
2. 문장 난이도 : ★★★★☆
3. 대사 스피드 : ★★★★☆
4. 단어 수준 : ★★★★☆

5명 이상의 히어로가 나오는 전대물과 비교하여 〈가면라이더〉 시리즈는 내용상 일반 드라마에 가깝습니다. 거기에 특촬 요소가 포함된 것이죠. 따라서 일반 일드라고 해도 과언이 아닙니다. 인물들의 대사도 빠르고 용어도 어려운 것들이 많이 나옵니다. 특촬을 좋아하는 매니아들에게는 더할 나위 없는 일본어 학습 자료인 셈이죠. 저도 헤이세이 라이더인 쿠우가때부터 지금까지 한편도 빠짐없이 보고 있는 애청자입니다. 주로 리스닝 학습용으로 듣고 있습니다.

대부분의 일본어 학습자들이 일본 드라마를 자막 없이 보는 것을 목적으로 많이들 공부하는데 〈가면라이더〉를 좋아한다면 헤이세이 라이더 시리즈를 독파할 것을 추천합니다. 몇 개의 시리즈만 보면 어느새 일본어 청취 능력과 말하기 능력이 급격하게 향상되어 있을 테니까요. 액션씬이 많은 드라마이지만 그에 못지않게 일반 대사도 많은 편이므로 일본어 대본을 구할 수만 있다면 스피킹 실력 향상에도 많은 도움이 될 것입니다.

APPENDIX

부록 1. 애니메이션 일본어 회화 트레이닝 북

일본 애니메이션으로 단기간에 일본어 회화 왕초보 벗어나기

이 부록은 이 책의 핵심이라고 해도 과언이 아니다.

앞에서 애니메이션을 통해 일본어를 학습하는 방법에 대해 열심히 설명했지만 실제로 수행하는 방법이 없다면 말짱 도로묵이다. 이에 필자는 자세한 훈련 방법을 공개하고자 한다.

일반적인 미드, 일드를 사용한 훈련 방법 요약

1. 전체 영상 혹은 하나의 에피소드를 자막과 함께 감상하면서 전체 스토리를 파악한다.
2. 공부해야 할 1일 분량(1 Scene)을 정한다.
3. 1일 분량(1 Scene)을 공부하면서 오늘 나온 표현이나 단어 및 숙어를 학습한다.
4. 전체적인 부분을 다시 본다. 혹은 캐릭터를 지정하여 Role Play한다.
5. 전반적인 대본의 공부가 끝나면 자막없이 전체를 반복해서 본다. 혹은 캐릭터에 맞춰서 Role Play한다.

여기까지가 일반적으로 시중에 나와 있는 일드, 미드를 이용한 공부 방법론이다. 하지만 여기서 중요한 것이 빠져 있다. How, 즉 "어떻게, 어떤 방법으로" 훈련할 것인지는 설명하고 있지 않다. 초보자의 경우 단순히 영상과 자막만으로 일반 비디오 플레이어에서 위와 같은 과정을 하라고 한다면 얼마 가지 않아 지쳐서 그만둘 것이다. 지속성 있게 하기 위해서는 잘 만들어진 훈련용 프로그램과 스크립트가 제공되어야 한다. 그렇지 않다면 학습을 제대로 이어나가기가 너무 힘들어진다. 단순히 자막과 동영상 플레이어만 가지고 공부하려고 한다면 어느새 드라마에만 빠져서 드라마 시즌을 모두 돌파하고 있는 자신을 볼 수 있을 것이다.

필자는 이를 극복하기 위해 학습자가 스스로 훈련할 수 있는 어학 훈련용 프로그램을 활용하는 방법을 제시하고자 한다.

사전 준비물

1. 트레이닝할 디바이스 선정

어학 훈련을 어떤 플랫폼에서 할 것인지를 정한다. 어떤 플랫폼으로 할 것인지에 따라 말하기 훈련 프로그램이 달라지기 때문이다. 집에서 훈련한다면 윈도우용 프로그램을 추천하며, 이동하면서 모바일로 트레이닝하고자 한다면 안드로이드 계열, 아이폰 계열의 어학 훈련 프로그램을 스마트폰에 다운로드받아 활용한다.

2. 일본어 애니메이션 영상과 영상에 맞는 스크립트 준비

학습할 영상과 영상에 맞는 자막(스크립트)을 준비한다. 어학 트레이닝용 자막이므로 한글 자막, 일본어 자막, 일한 자막 등 종류별로 있으면 좋다. 한글 자막만으로는 학습에 도움이 되지 않기 때문에 일본어 자막은 반드시 준비해야 한다. 일한 자막을 구하기 힘들다면 일본어 자막만이라도 구하도록 하자.

3. 반복 리스닝을 위한 영상 대본 준비

일본어 애니메이션은 지브리 애니메이션과 같은 영화가 아닌 이상 대본 구하기가 쉽지 않다. 대사 스크립트만이라도 준비하자. 대사 스크립트는 애니메이션의 원작 만화책을 참고하여 만들어 두면 된다. 나만의 훈련용 스크립트를 만들기 위해서는 제작 프로그램이 필요하다. Subtitle Edit라는 프로그램으로 제작한다. 이 프로그램은 자막 제작 프로그램인데 일반적으로 영상 자막을 만들 때 많이 사용한다. 준비된 스크립트를 Subtitle Edit 프로그램으로 제작하면 된다. Subtitle Edit를 사용하여 자막을 제작하는 방법은 인터넷에 많이 나와 있으므로 참고하여 만들기 바란다. 필자가 운영하는 더쿠애니회화닷컴 카페에 Subtitle Edit를 사용하여 동영상 자막을 제작하는 방법에 대한 강의도 있으니 참고하도록 하자. 사용법은 아주 간단하기 때문에 1시간 정노의 시간 투자만으로도 자막을 제작할 수 있다. (제작된 자막을 무단으로 공유하는 행위는 당연히 불법이므로 주의해야 한다.) 이 콘텐츠를 모바일에 저장하여 언제 어디서나 학습용 콘텐츠를 반복해서 리스닝할 수 있는 환경을 구축할 수 있다.

4. 본격 스피킹 훈련 콘텐츠 준비

리스닝을 위한 콘텐츠를 제작하였다면 이제는 스피킹 훈련을 위한 콘텐츠를 제작해야 한다. 만약 3번의 과정이 힘들다면 스피킹 훈련용 콘텐츠만 제작해도 상관없다. 스피킹 훈련용 콘텐츠는 현재로서는 PC에서만 가능하다. NativeBox라는 프로그램으로 제작 및 훈련이 가능하며 고맙게도 무료 프로그램으로 제공되고 있다. 바로 이 NativeBox라는 강력한 프로그램의 도움을 통해 학습자들은 최고의 스피킹 반복 훈련을 무료로 할 수 있게 되었다.

주의 사항

1. 반드시 큰소리로 따라 말해라!

하루 30분~1시간은 스피킹 훈련 프로그램을 통해 큰소리로 따라 말해야 한다. 애니메이션 캐릭터들의 재미있는 대사나 제스쳐를 따라하면서 큰소리로 말해보자. 애니메이션이므로 재미있는 대사들이 많기 때문에 큰소리로 따라하다 보면 어느샌가 나도 모르게 대사를 외울 정도가 될 것이다.

2. 일상생활 대사가 많은 애니메이션부터 먼저 트레이닝하라

가장 먼저 추천하는 애니메이션은 지브리 스튜디오의 〈이웃의 토토로〉나 〈벼랑위의 포뇨〉이다. 대사가 길지 않고 일상적인 대화가 많기 때문에 처음 일본어를 접하는 왕초보들에게 적합한 애니메이션이다. 애니메이션 영화의 경우 80분 정도의 분량을 4개로 쪼개라. 2달을 목표로 〈이웃의 토토로〉 혹은 〈벼랑위의 포뇨〉를 말하기 트레이닝하면 좋다. 초보자는 1달에 1개의 애니메이션을 끝내기가 쉽지 않으므로 2달 정도를 잡아서 훈련할 것을 추천한다. 토토로나 포뇨가 끝나면 이후에는 〈도라에몽〉이나 〈슬램덩크〉 등과 같이 본인이 좋아하는 장편 애니메이션으로 옮겨가면 된다.

3. 스크립트 없이 듣기만 하는 훈련은 앙꼬 없는 찐빵이다

말하기 훈련 시 가장 많이 실패하는 경우는 일본어 스크립트 없이 한글 자막만으로 훈련하는 것이다. 미드 학습의 경우 많은 영어 자막이 만들어지기 때문에 학습에 어려움이 없다. 하지만 일본어 자막은 미드 자막보다는 구하기가 쉽지 않다. 따라서 품질 좋은 일본어 자막을 구하는 것이 본 훈련법의 핵심이라고 할 수 있다. 향후 필자의 네이버 카페인 더쿠애니회화닷컴에서 일본어 말하기 훈련용 스크립트를 일부 만들어 제공할 예정이므로 관심 있는 독자는 받아서 훈련해 보기 바란다.

4. 20분 분량의 전체 에피소드가 머릿속에서 그려지도록 반복 훈련하라

애니메이션을 4개로 쪼개든지 20분짜리 애니메이션 에피소드 1개를 보든지 트레이닝한 내용의 전체 스토리가 머릿속에 그려지도록 반복 훈련하라. 그 장면은 눈을 감고도 주인공들의 대사가 나올 수 있도록 반복 연습해야 한다. 스피킹 반복 훈련 프로그램의 도움으로 이전보다 그리 힘들이지 않고 반복할 수 있기 때문에 학습에 낭비되는 시간을 줄일 수 있다.

5. 초조해하지 마라

이 트레이닝 방법으로 6개월은 꾸준히 반복해야 한다. 중간에 "과연 이 방법으로 일본어가 될까?"라는 의구심이 들 수도 있다. 초조함이 생길수도 있으나 6개월 정도 이런 방법으로 말하기 트레이닝을 하다 보면 자신도 모르게 말할 수 있는 문장들이 쌓이게 되고 내가 스스로 애니메이션을 찾아서 학습하게 된다. 본인이 트레이닝하고 싶은 영상을 찾아서 할 수 있다는 것은 이 방법의 가장 큰 장점이다.

애니메이션 일본어 말하기 훈련 프로세스 - 80분 애니메이션 기준

1. 전체 영상을 자막과 함께 감상하면서 전체 스토리를 파악한다

일상 대화가 많은 애니메이션을 선정하여 자막과 함께 감상하면서 전체 스토리를 파악한다. 학습 방법을 익히기 위해 어학 훈련 플레이어를 사용하여 전체 영상을 감상한다. 단순히 흘러가는 대로 애니메이션을 보지 말고 이때부터는 학습을 위한 교육용이라고 생각하고 집중해서 보아야 한다.

2. 공부해야 할 1일 분량을 정해 파트 별로 나눈다

〈이웃의 토토로〉의 경우 1시간 20분 정도의 분량이다. 크게 4개 정도의 파트로 나누어 볼 수 있다. 이 정도의 분량이라면 대본으로도 부담스럽지 않은 내용이다. 대본은 이 상황에서 반드시 준비해야 한다. 대본에 나오는 대사 및 단어와 숙어들을 정리한다. 1일 분량은 워드 기준으로 3 페이지 정도면 적당하다. 대본이 워드 기준으로 37 페이지 정도 되기 때문에 12-13일 정도의 분량이 나온다. 1일 분량을 2일 동안 반복 연습하는 것을 목표로 한다.

3. 1일 분량을 공부하면서 오늘 나온 표현이나 단어 및 숙어를 외운다

오늘 공부할 장면을 보면서 나오는 표현들을 정리한다. 왕초보의 경우 아무것도 모른다고 생각하기 때문에 무엇부터 시작해야 할지 모를 것이다. 이럴 경우 사전 예습이 중요하다. 대본이나 대사 스크립트를 미리 예습하여 대본에 나오는 단어나 숙어, 문장들을 찾아서 정리해 둔다. 처음에는 정리할 수 있는 단어나 문장이 많지 않을 수 있다. 본인이 알고 있는 수준에서 정리하면 된다. 나중에 실력이 오르면 더 많은 것이 들리게 될 것이고 더 많은 내용을 학습할 수 있게 된다.

4. 스피킹 훈련 프로그램을 통해 큰소리로 따라 말한다

스피킹 훈련용 프로그램을 통해 1일 분량을 지정하여 말하기 훈련을 실시한다. 위에서 나눈 1일 분량을 2일에 걸쳐서 듣고 따라 말하기 훈련을 한다. 첫째 날은 듣기 훈련만 실시하고 둘째 날은 같은 내용으로 따라 말하기 훈련을 실시한다. 문장 단위로 제대로 발음할 수 있을 때까지 따라 말한다. 해당 장면에 대한 부분은 눈 감고도 외울 정도로 반복해서 말하면 좋다. 대신 분량을 너무 많이 잡으면 쭉 이어서 말할 수 없으므로 문장의 수는 많이 잡지 않는 것이 좋다. 보통 1일 분량이 20 문장을 넘어가면 외울 수 있는 범위를 벗어나므로 20 문장 이상은 잡지 않도록 하자. 하루 분량은 10-15 문장 정도면 적당할 것 같다. 시간을 더 낼 수 있다면

20 문장 이상을 훈련해도 상관 없다. 일본어 습득 시간을 더 단축시켜 줄 수 있을 것이다. 녹음 기능이 있는 프로그램의 경우 내 목소리로 녹음하여 실제 문장에 비슷해질 정도로 큰소리로 따라 말한다.

5. 전체적인 부분을 다시 본다. 혹은 캐릭터를 지정하여 롤 플레이한다

80분 분량의 애니메이션 전체를 한번에 복습하기 힘들기 때문에 전체 영상을 보면서 내가 할 수 있는 부분만 따라 말해 본다. 2개월 동안 훈련하는 중에 영상에 나오는 말이 캐릭터와 자연스럽게 겹치면서 어느 정도는 말할 수 있을 것이다. 혹은 하나의 캐릭터만 지정해서 전체 영상을 보면서 쭉 따라해 보는 것도 좋은 방법이다.

애니메이션 일본어 말하기 훈련 프로세스 - 20분 애니메이션 에피소드 기준

1. 하나의 에피소드를 자막과 함께 감상하면서 전체 스토리를 파악한다

본인이 좋아하는 애니메이션을 선정하여 자막과 함께 감상하면서 전체 스토리를 파악한다. 가급적 전투 장면이나 액션 장면이 많은 애니메이션은 배제하고 대화가 많은 애니메이션을 선정한다. 또한, 반말이나 비속어가 난무하는 애니메이션보다는 일상생활 대화가 많은 애니메이션을 선정해야 한다. 필자는 〈슬램덩크〉나 〈명탐정 코난〉 같은 애니메이션을 추천한다. 학습 방법을 익히기 위해 어학 훈련 플레이어를 사용하여 전체 영상을 감상한다. 단순히 흘러가는 대로 애니메이션을 보지 말고 이때부터는 학습을 위한 교육용이라고 생각하고 집중해서 보아야 한다.

2. 공부해야 할 분량을 정해 파트 별로 나눈다

20분짜리 에피소드가 있는 장편 애니메이션의 경우 일주일에 하나의 에피소드를 훈련한다는 목표를 설정하면 좋다. 하나의 에피소드를 5분 분량으로 나누어서 하루에 1 장면 분량을 정한다.

3. 1일 분량을 공부하면서 오늘 나온 표현이나 단어 및 숙어를 외운다

오늘 공부할 장면을 보면서 나오는 표현들을 정리한다. 대본이 없는 경우에는 원본 일본어 만화책을 구해서 대사 스크립트를 만들면 좋다. 애니메이션 영화와 마찬가지로 미리 예습하여 대본에 나오는 단어나 숙어, 문장들을 찾아서 정리해 둔다. 처음에는 정리할 수 있는 단어나 문장이 많지 않을 수 있다. 본인이 알고 있는 수준에서 정리하면 된다. 나중에 실력이 오르면 더 많은 것이 들리게 될 것이고 더 많은 내용을 학습할 수 있게 된다.

4. 스피킹 훈련 프로그램을 통해 큰소리를 내가면서 따라 말한다

스피킹 훈련용 프로그램을 통해 1일 분량을 지정하여 말하기 훈련을 실시한다. 위에서 나눈 1일 분량을 2일에 걸쳐서 듣고 따라 말하기 훈련을 한다. 첫째 날은 듣기 훈련만 실시하고 둘째 날은 같은 내용으로 따라 말하기 훈련을 실시한다. 문장 단위로 제대로 발음할 수 있을 때까지 따라 말한다. 해당 장면에 대한 부분은 눈 감고도 외울 정도로 반복해서 말하면 좋다. 대신 분량을 너무 많이 잡으면 쭉 이어서 말할 수 없으므로 문장의 수는 많이 잡지 않는 것이 좋다. 보통 1일 분량이 20 문장을 넘어가면 외울 수 있는 범위를 벗어나므로 20 문장 이상은 잡지 않도록 하자. 하루 분량은 10-15 문장 정도면 적당할 것 같다. 시간을 더 낼 수 있다면

20 문장 이상을 훈련해도 상관 없다. 일본어 습득 시간을 더 단축시켜 줄 수 있을 것이다. 녹음 기능이 있는 프로그램의 경우 내 목소리로 녹음하여 실제 문장에 비슷해질 정도로 큰소리로 따라 말한다.

5. 전체적인 부분을 다시 본다. 혹은 캐릭터를 지정하여 Role Play한다

20분이라는 시간이 짧은 것 같지만 〈도라에몽〉의 경우에 극장판 애니메이션 대비 생활에 당장 써먹을 수 있는 대사가 많이 나온다는 것이 장점이다. 80분 정도의 극장판 애니메이션보다 대사량이 많을 수 있기 때문에 일본어 회화 연습에 많은 도움이 될 수 있다. 주인공 캐릭터의 대사만 Role Play하더라도 상당히 많은 대사를 연습해 볼 수 있기 때문에 회화 학습에 많은 도움이 될 것이다.

윈도우 플랫폼에서 스피킹 훈련하기

NativeBox는 윈도우에서 어학 스피킹 훈련을 할 수 있는 필자가 생각하는 최강의 어학 학습기이다. 기존에는 유료로 판매되다가 현재는 무료로 제공되고 있다. 학원이나 일반 강사들이 사용하는 어학 플레이어로 유명하지만 많이 알려져 있지는 않다. smi 자막이 아니라 NativeBox용 훈련 콘텐츠를 별도로 제작해야 한다.

다음은 기본 프로그램인 NativeBox Single의 최초 실행 화면이다.

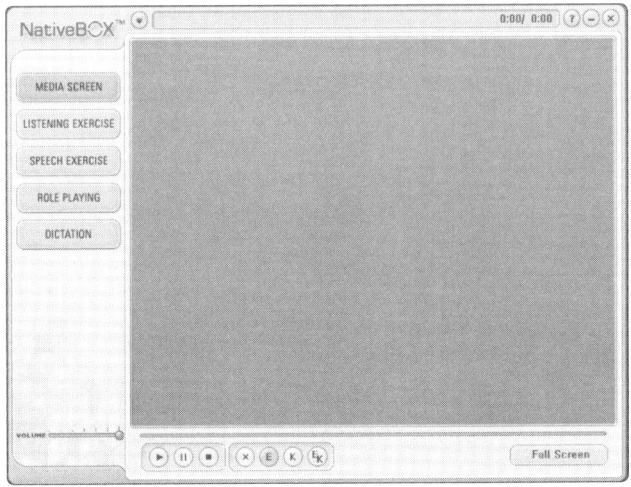

NativeBox에서 어학 콘텐츠를 실행하기 위해서는 NativeBox Publsher를 통해 NativeBox용 스크립트를 별도로 생성해야 한다. (그렇지 않으면 영상을 프로그램에서 불러들일 수 없다.)

다음은 NativeBox Publisher의 최초 실행 화면이다.

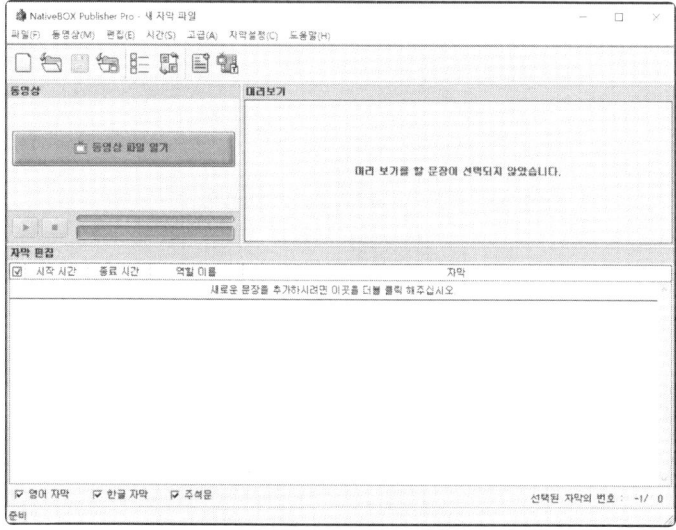

NativeBox Publsher를 통해 훈련용 스크립트를 만든 다음 NativeBox Single 프로그램을 통해 영상을 불러들이면 본격적으로 애니메이션을 통해 말하기 훈련을 수행할 수 있다.

다음은 NativeBox Single을 통해 애니메이션 학습 콘텐츠를 불러들인 화면들이다. 하나씩 살펴보자.

1. Media Screen (영상 보기)

일반 동영상 화면을 보여준다. 일반 동영상 플레이어와 비슷하게 영상을 플레이하면서 전체 애니메이션을 감상할 수 있다.

2. Listening Exercise (듣기 훈련)

듣기 훈련을 할 수 있는 화면이다. 본격적인 훈련을 수행하기 전에 듣기 모드를 통해 영상을 반복 청취한다. Repeat에서는 문장을 몇 번 반복할 것인지 설정할 수 있다. Interval은 각 문장을 반복할 때 몇 초의 간격을 줄 것인지를 설정하는 것이다. 5를 클릭하면 한 문장과 다음 문장의 실행에 5초 가량의 인터벌을 준 후 문장을 실행한다. 화면 아래에 있는 스크립트 화면에서는 각 문장을 선택할 수 있다. 문장을 선택하면 선택된 문장에 한해서만 반복할 수 있으므로 잘 들리지 않는 문장에 한해 무한 반복하여 들을 수 있다.

스크립트 박스 옆의 단추로 한글 자막만 표시할 것인지 일본어 자막만 표시할 것인지 아니면 한글 및 일본어 자막 모두를 표시할 것인지 설정할 수 있다. 그 하단의 단추는 폰트 크기를 크게 하거나 작게 변경할 수 있다.

3. Speech Exercise (말하기 훈련)

본격적인 스피킹 훈련을 할 수 있는 항목이다. 기본적인 화면은 청취 훈련 화면과 같지만 상단 우측 부분이 스피킹 훈련을 할 수 있도록 전환된다. Record Your Voice 버튼을 누르면 해당 문장을 내 목소리로 녹음할 수 있다. 녹음이 완료된 후에 Listen to Your Voice 버튼을 누르면 방금 전 내가 녹음한 목소리와 실제 문장의 음성이 겹쳐서 들린다. 이를 통해 내가 제대로 발음했는지 확인할 수 있다. 가능하면 실제 캐릭터가 한 대사와 비슷하도록 대사에 감정을 담아서 녹음해보자. 실제 캐릭터의 감정이나 느낌과 비슷할수록 나중에 현실에서 그대로 말할 가능성이 커진다. 그 아래 Select ALL은 해당 캐릭터를 지정하여 따라해 보는 부분이다. 뒤에 설명할 Role Play와 비슷하지만 해당 캐릭터의 대사를 그대로 녹음하여 내 목소리와 비교할 수 있는 장점이 있다.

4. Role Playing (롤플레잉)

특정 캐릭터의 대사를 역할을 지정해서 말해 볼 수 있다. Select ALL 부분에서 특정 캐릭터를 선택하면 해당되는 캐릭터의 대사만 보여주면서 대사를 연습해 볼 수 있다. Select ALL 부분에 해당 캐릭터만 표시하게 하려면 NativeBox Publsher에서 학습용 스크립트를 만들 때 해당 대사 부분에 캐릭터를 지정해 두면 된다. NativeBox Publsher에서 해당 캐릭터를 지정하여 스크립트를 만들면 Speech Exercise와 Role Playing 항목에서 캐릭터를 지정할 수 있기 때문에 말하기 훈련에 많은 도움이 된다. 따라서 NativeBox Publsher에서 학습 스크립트를 만들 때 미리 공들여서 만들어 두는 것이 좋겠다.

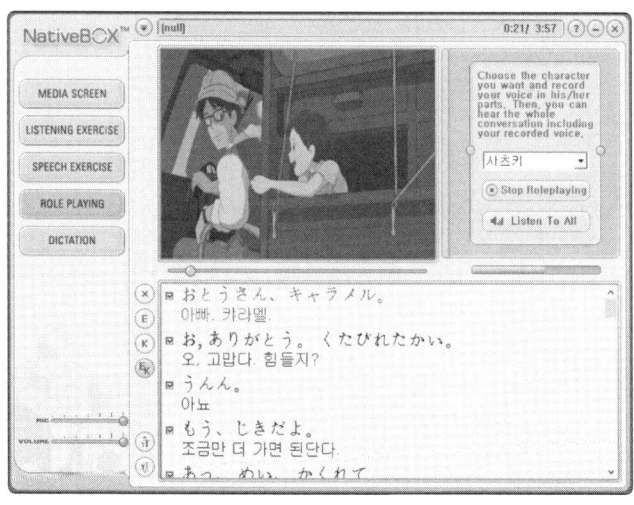

5. Dictation (받아쓰기)

학습한 내용을 받아쓰기 연습할 수 있는 화면이다. Easy, Normal, Difficult의 난이도에 따라 받아쓰기할 수 있는 부분이 다르게 나오기 때문에 유용하게 사용할 수 있다. 문장이나 단어 아래 부분에 밑줄이 쳐지며 블랭크로 표시되기 때문에 단어나 문장을 기입하면 된다. 잘 모르겠으면 Sound 버튼을 눌러서 다시 듣기를 할 수 있다.

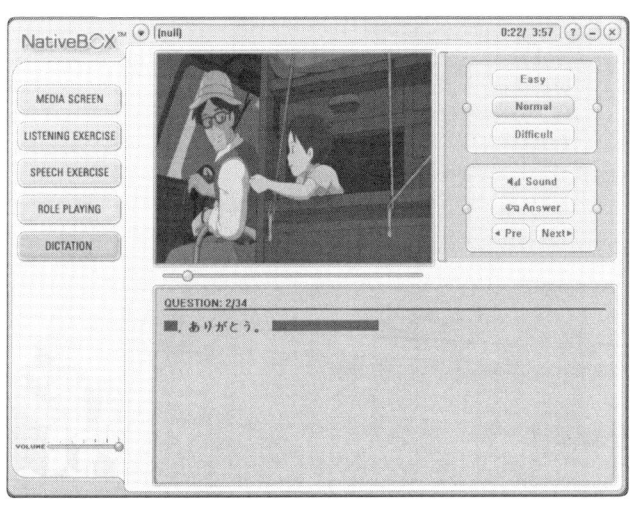

안드로이드 플랫폼에서 스피킹 훈련하기

윈도우에서 NativeBox로 집에서만 연습하기에는 밖에서 활동하는 시간이 너무 아깝다는 생각이 들 것이다. 요즘에는 프로그램을 PC가 아닌 스마트폰에 설치해 놓고 싶어하는 사람들이 대부분이다. 이런 상황에서 대부분의 어학 학습자들은 어학용 반복 습득 프로그램이 안드로이드 스마트폰이나 아이폰 등에 있으면 좋겠다는 생각을 한다. MePlayer는 NativeBox와 유사한 기능을 제공하면서 안드로이드 스마트폰에서 리스닝 연습 및 스피킹 반복 연습을 할 수 있다.

MePlayer는 동영상 파일과 자막 파일을 활용하여 외국어를 효과적으로 학습할 수 있도록 제작된 앱이다. 따라하기, 녹음해서 듣기, TTS 발음 지원, 인공지능 반복 학습, 인터넷 사전 연동 등의 기능을 쉬운 UI를 통해 구현하여 언제 어디서나 재미있게 어학 학습을 할 수 있도록 개발된 프로그램이다. 안드로이드를 지원하는 디바이스에서 사용할 수 있으며 구글 플레이에서 다운로드받아서 사용할 수 있다.

Meplayer의 주요 기능을 잠깐 살펴보자.

1. 자막에 맞추어 영상 출력

자막에 맞춰 영상을 볼 수 있다. 일본어 자막이 있다면 일본어 자막을 보면서 공부할 수 있다.

2. 따라 말하기 기능

영상에서 배우가 한마디 하면 사용자가 따라해 볼 수 있는 기능이 있다. 인식율이 훌륭하다고 할 수는 없으나 꽤 유용한 기능이다.

3. 문장 반복 기능

한 문장에 대해 반복을 설정할 수 있다. 잘 들리지 않거나 자신 없는 문장이라면 들릴 때까지 들어보는 것도 좋은 방법이다.

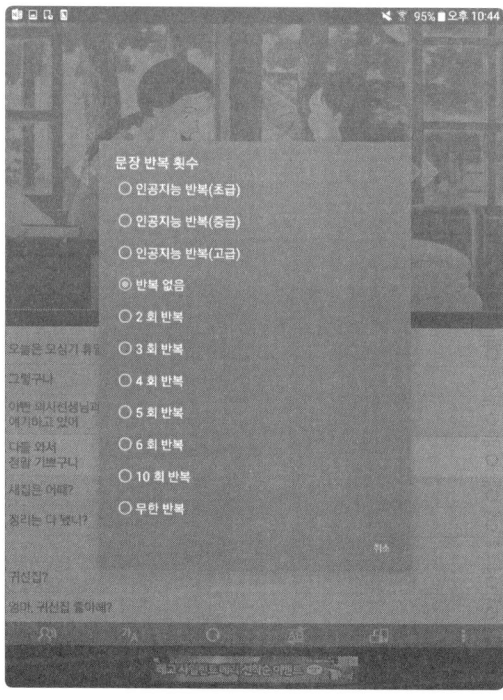

4. 구간 설정 반복

찍찍이라는 프로그램을 아는가? 찍찍이는 구간을 설정하여 반복적으로 들을 수 있는 프로그램이다. 당연히 이 프로그램에서도 구간 반복을 제공한다. 오늘 공부할 분량을 정해서 반복 듣기를 하면 실력이 많이 늘어날 것이다.

5. 여러 가지 옵션 설정

여러 가지 옵션을 설정할 수 있다. 특히 [자막없는 구간 스킵] 기능은 자막이 있는 곳만 뛰어 넘어서 실행한다. 대사 중간에 영상이 너무 많다면 체크해서 대사만 공부할 수 있는 유용한 기능이다. 일반 플레이어로 공부할 경우 학습할 곳으로 이동하는 것이 불편한데 이 기능이 있다면 중간중간 불필요한 영상은 보지 않아도 되므로 학습 시간에 낭비되는 시간을 아낄 수 있다.

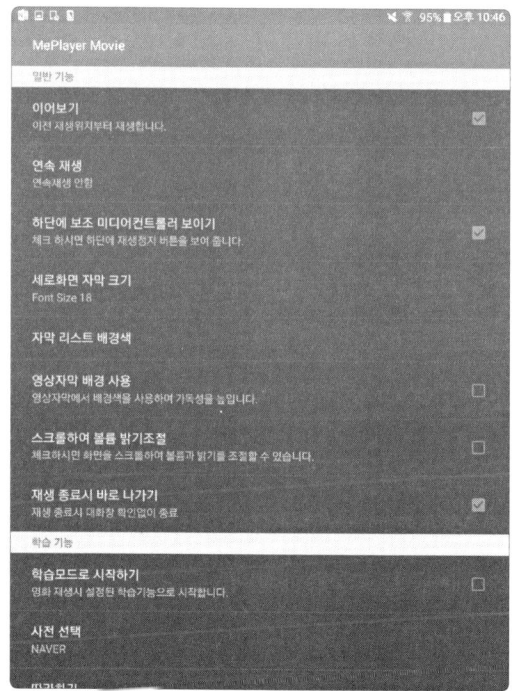

아이폰(아이패드)에서 스피킹 훈련하기

애플 기기에서 어학 연습할 수 있는 많은 프로그램 중에 유용하게 사용할 수 있는 프로그램으로 리스닝 드릴이 있다. 애플의 App Store에서 무료로 다운로드받을 수 있는 프로그램이다. 무료이기 때문에 광고가 뜨긴 하지만 안드로이드의 Meplayer와 거의 흡사한 반복 학습 기능을 제공한다. 더구나 속도 조절도 0.5배속에서 2배속까지 가능하기 때문에 속도 조절을 통한 학습도 가능하다. MP4 및 MP3 파일도 지원하기 때문에 영상을 MP3 오디오로 변환한 다음 오디오만으로 학습이 가능한 것은 이 프로그램만의 장점이다.

1. 리스닝 드릴 설치

2. 파일 탐색기를 통한 콘텐츠 실행

재생 목록에서 영상 및 음성 파일을 실행할 수 있다. iTunes를 통해 리스닝 드릴 프로그램에 영상을 넣어주면 아래와 같이 자체 파일 탐색기에서 영상을 실행할 수 있다.

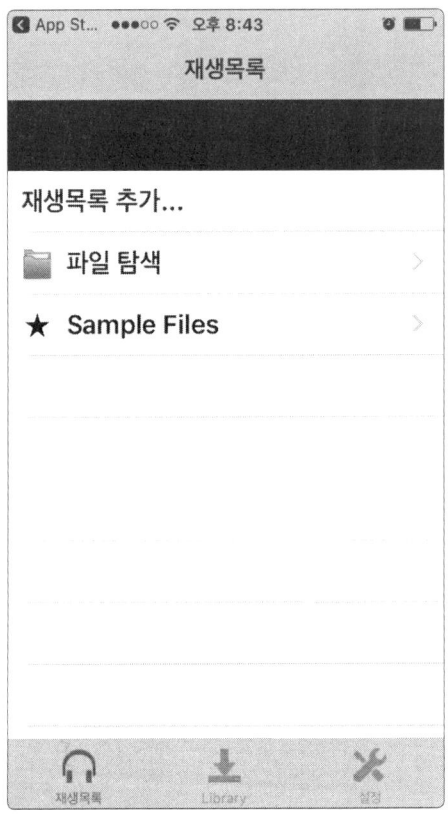

3. 콘텐츠 실행

다음은 Sample Files 폴더에 있는 콘텐츠 리스트이다. 음성 예제는 유명한 스티브 잡스의 스탠포드 졸업 축사를 예제 파일로 만든 것이다. 영상 예제는 TED에서 Matt Cutts가 발표한 영상의 내용을 예제 파일로 만든 것이다.

4. 음성 콘텐츠 실행

아래 화면과 같이 음성에 맞게 스크립트를 보여준다. 스크립트를 클릭하면 해당 음성 부분만 출력할 수 있다. 자막 싱크 및 반복 횟수 등을 조절할 수 있다. 하나의 문장이 들리지 않으면 무한 반복할 수도 있다.

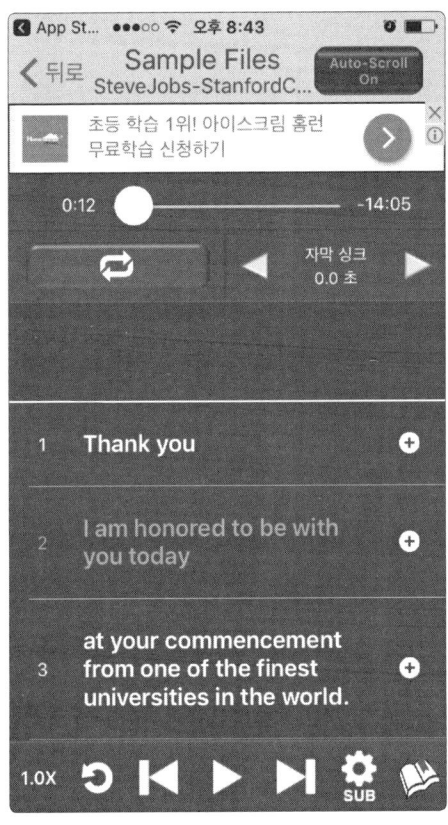

5. 영상 콘텐츠 실행

영상 예제를 실행한 경우에도 음성 예제와 비슷한 화면을 보여준다. 해당 스크립트를 클릭하면 스크립트에 맞는 영상으로 이동하여 보여준다.

6. 영상 재생 속도 조절 및 자막 가리기 기능

아래와 같이 영상의 재생 속도 조절도 가능하며 자막을 보일 것인지 보이지 않을 것인지를 지정할 수 있다.

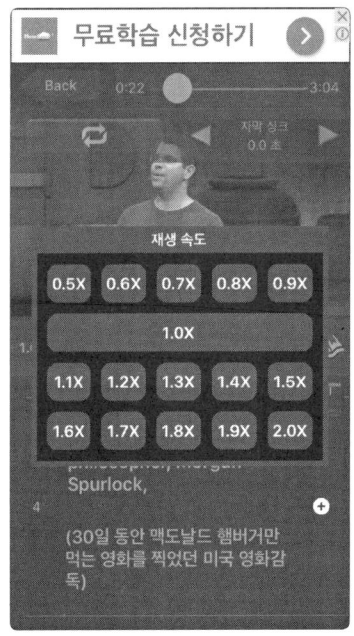 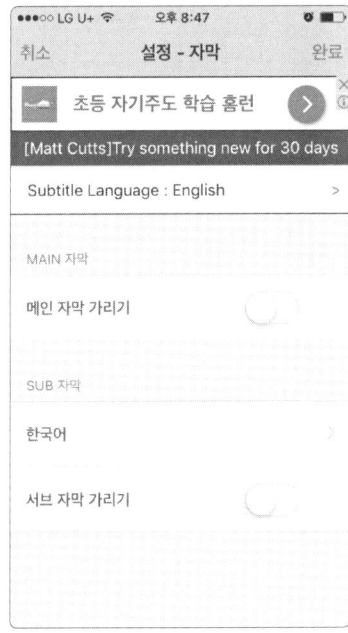

APPENDIX

부록 2. Q&A

1. 왜 애니메이션인가요. 일본 드라마는 안되나요?

일단 왕초보를 벗어나 일본어가 어느 정도 되는 상황이라면 일본 드라마로 수준을 높이는 것이 좋습니다. 그렇지 않고 곧바로 일본 드라마로 시작하면 너무 어려워서 빨리 포기하게 됩니다.

그에 반해 〈짱구〉나 〈도라에몽〉 같은 애니메이션은 단어도 어렵지 않고 문장 길이도 길지 않습니다. 또한 일상생활 일본어가 많이 반복되기 때문에 같은 말을 반복해서 듣고 말하기에도 매우 유용합니다. 처음 시작할 때는 대본 및 스크립트가 중요한데 스크립트를 만들기가 부담스럽다면 스크립트가 있는 애니메이션으로 시작하는 것이 좋습니다.

스크립트가 잘 되어 있는 것이 지브리 애니메이션이지요. 국내에 많은 일본어 고수분들이 애니메이션 스크립트를 만들기도 합니다. (구글 검색 신공을 발휘하면 손쉽게 구할 수도 있습니다.) 저도 일본어 초급 시절에 〈이웃의 토토로〉를 가지고 회화 연습을 했습니다. 토토로는 쉬운 대사와 어른이 보기에도 재미있는 대사로 되어 있기 때문에 일본어 회화 공부에 많은 도움이 될 것이라고 생각합니다. 처음에는 〈이웃의 토토로〉 같은 애니메이션으로 시작하시고 이후에는 본인이 좋아하는 장르의 일본어 애니메이션을 선정한 후에 스크립트를 만들고 말하기 훈련 프로그램으로 훈련하면 일본어 회화 실력이 확실히 늘어날 깃입니다. 제가 운영하는 네이버 카페인 더쿠애니회화닷컴에서도 이러한 훈련 스크립트를 제공하고 있습니다.

2. 애니메이션으로 일본어를 공부하려는 학생입니다. 어떻게 시작해야 할지 잘 모르겠어요

1번의 대답과 비슷합니다. 일단은 쉽고 재미있는 애니메이션으로 시작하세요. 어렵게 시작하면 금방 지치고 힘이 들어서 쉽게 포기하게 됩니다. 토토로와 같은 쉬운 애니메이션으로 일본어 회화를 시작해 보세요. 문법책은 참고용으로 아주 기초적인 책만 하나 있으면 됩니다. 이 책 저 책 사서 보지 마세요. 시험을 위해 JPT나 JLPT를 꼭 준비해야 한다면 장기전으로 생각하고 본 학습법과 병행하여 학습할 필요가 있습니다. 외국어를 눈으로 보기만 해서는 절대 외국인과 대화할 수 없습니다. 실제 원어민이 말하는 대사 및 스피드로 듣고 말하는 훈련을 반드시 별도로 해야 합니다.

시간을 내기 힘들다면 하루에 20분만이라도 듣고 따라하기 연습을 꾸준히 하세요. 그리고 본인이 좋아하는 애니메이션이나 일본 드라마가 있다면 재미있게 보면서 꾸준히 듣는 것이 좋습니다. 영상을 볼 때 한글 자막만 쳐다보지 말고 자막을 끄고 시청하는 것도 좋은 방법입니다. 한글 자막이 있을 때와 없을 때의 차이가 크기 때문에 학습이라고 생각하고 자막을 끄고 시청해 보면 내가 어느 정도 들을 수 있는지를 확인할 수 있습니다. 이후에 여유가 되면 애니메이션의 훈련 스크립트를 받아서 본격적인 말하기 훈련을 해볼 것을 추천드립니다.

3. 애니메이션을 좋아합니다. 들리는 건 조금씩 되는데 일본어로 말은 안나오네요

듣기만 하고 말하기 훈련을 하지 않아서 발생하는 현상입니다. 듣기만 한다고 말이 되지 않습니다. 말은 훈련을 통해서만 가능합니다. 듣기만 하는 것으로 말이 된다는 방법은 잘못된 오해에서 비롯된 방식입니다. 어학은 훈련입니다. 말하기 훈련이 없이는 말이 입 밖으로 나오지 않습니다. 우리가 외국인을 만나면 한마디도 못하고 얼어붙는 이유는 말하기 연습을 하지 않아서 말을 입 밖으로 내 뱉어본 적이 없기 때문입니다. 입을 꾹 닫고 눈으로 보고 듣기만 연습한 사람은 절대 말할 수 없습니다. 그런데 문제는 말을 유발시키는 도구나 프로그램들이 많이 없다는 것입니다. 그리고 남이 제공해준 콘텐츠로는 말하기 훈련을 오래 지속하기 힘듭니다. 제가 추천하는 말하기 훈련 프로그램에 여러분이 즐기는 애니메이션 콘텐츠를 탑재하여 말하기 훈련을 한다면 단기간에 일본어로 말할 수 있습니다. 언어는 재미있게 익히는 순간 몰입하게 되고 꾸준히 할 수 있으니까요.

4. 애니메이션으로 어느 정도 훈련해야 효과가 있나요?

저의 개인적인 경험이나 다른 분들의 수기를 보면 약 6개월 정도만 말하기 훈련을 하면 외국어가 된다고 합니다. 단, 얼마나 열심히 하느냐는 본인에게 달린 것이고 이 기간 동안 얼마나 많은 문장을 반복하여 말해 보느냐에 따라 기간이 더욱 단축될 수도 있고 더 늘어날 수도 있을 것 같습니다. 6개월이라고 하면 허황되게 들릴 수도 있겠지만 말하기 훈련을 위해 하루 2시간의 시간을 따로 비우는 게 실제로 해 보면 막상 쉽지만은 않을 것입니다. 어학은 반복이므로 지루하지요. 애니메이션을 가지고 2시간 말하기 훈련을 재미있게 하다 보면 어느 순간 애니메이션에 나오는 대사를 현실에서 사용하고 있는 본인을 발견할 수 있을 겁니다. 재미있는 애니메이션에 나오는 문장을 큰소리로 반복하세요.

5. 어떤 애니메이션이 학습하기에 좋은가요. 추천해 주세요

처음 시작하는 분이라면 〈이웃의 토토로〉가 가장 적합합니다. 토토로를 통해 일본어에 어느 정도 익숙해지면 그 다음 단계에는 본인이 원하는 애니메이션을 선정해 보세요. 선정 기준은 폭력적이지 않고, 액션신이 많이 없는 것, 그리고 언어 유희를 하지 않는 애니메이션입니다.

초급 수준으로는 〈짱구〉나 〈도라에몽〉 등이 있고, 추리물로는 〈명탐정 코난〉, 〈소년탐정 김전일〉 등이 있지요. 스포츠 물로는 〈슬램덩크〉, 〈테니스의 왕자님〉 등이 있고, 자동차를 좋아하신다면 〈이니셜D〉나 〈완간 미드나이트〉 등이 좋겠습니다. 모험물은 〈원피스〉가 좋겠지요. 대부분 시즌제 애니메이션이므로 비슷한 단어나 문장들이 계속해서 나옵니다. 애니메이션을 보면서 자연스럽게 외워지는 문장도 많기 때문에 꾸준히 보면서 연습하는 것이 좋습니다.

6. 왕초보입니다. 문법부터 일본어를 공부하려고 했는데 애니메이션부터 하라고 하니 헛갈리네요. 문법은 공부하지 말라는 것인가요?

문법을 공부하지 말라는 것은 결코 아닙니다. 문법에 얽매이지 말라는 것이지요. 우리는 말을 하는 데 있어 문법부터 따지는 것에 익숙합니다. 이런 방식이 수십 년 이상 지속되었습니다. 문법을 공부하지 않으면 불안한 외국어 공부, 그런 형태의 학습 방법을 지양해야 한다는 것입니다.

문법 공부를 하지 않아서 불안하다면 가장 쉬운 문법책 하나를 골라서 한 달만에 끝내시기 바랍니다. 그후에 말하기 훈련법으로 애니메이션을 따라하면 됩니다. 문법책은 분량이 적은 것을 택하고 나중에 애니메이션을 보다가 기본적인 부분을 참고할 때도 사용하면 됩니다. 문법책은 주교재로 사용하지 마시고 어디까지나 참고용 부교재로 사용하시기 바랍니다. 언어를 말하기 위해 문법 따져가며 말하기를 공부하는 나라는 우리나라와 일본밖에 없습니다. 말하기를 하려면 말하기를 잘하는 나라의 방식을 따라야겠죠? 이제는 말하기 연습이 먼저인 방법으로 바꿉시다.

7. 지금 일본어를 배워도 쓸모가 있을까요?

본문에서도 언급했지만 지금부터 3년 뒤 2020년에 일본에서 동경올림픽이 개최됩니다. 이웃나라 일본에서 개최된다고 하지만 올림픽이 개최되면 주변국가에도 많은 영향을 미치게 되죠. 우리는 일본과 밀접한 관계를 맺고 있는 주변 국가이므로 경제적으로도 반등 효과가 많을 것으로 예상됩니다. 특히 일본과의 비즈니스에 대한 부분도 더욱 활성화될 것으로 기대되는데요. 이때 일본어를 잘 한다면 기회가 생길 수도 있겠죠? 더구나 한류는 아직도 일본에 많은 영향을 주고 있습니다. 올림픽을 계기로 일본과 교류할 일이 더 많이 생길 것입니다. 지금부터 일본어를 배우신다면 3년 뒤에는 유창한 일본어 실력으로 일본인들과 대화할 수 있겠죠?

8. 왕초보 입장에서 대사 스크립트 만들기가 너무 힘들어요

왕초보 입장에서 애니메이션의 대사 스크립트를 만든다는 것은 대단히 힘든 일입니다. 문자도 잘 읽지 못하는데 애니메이션의 스크립트를 어떻게 만들어서 말하기 훈련을 한다는 거지? 라고 생각하시는 분들이 많을 것 같습니다. 이때는 애니메이션의 원본 만화책을 이용하면 됩니다. 원본 만화책만 있다면 스크립트 만드는 작업은 그리 어렵지 않습니다. 만화책과 애니메이션의 대사가 일치하지 않을 수도 있으니 이 부분은 애니메이션과 만화책의 선별이 중요하겠지요. 단지 원본 만화책을 보고 키보드로 입력해야 하는 노력은 필요합니다. 일본어 입력기는 구글 일본어 입력기가 제일 편합니다. 만화책을 보고 일본어로 훈련용 프로그램에 맞게 스크립트를 만들면 됩니다. 스크립트만 만들어지면 그 다음부터는 편하게 훈련할 수 있습니다. 한번 만들어보면 익숙해지므로 그리 걱정할 것 없습니다. 네이버 카페 더쿠애니회화닷컴에 훈련용 프로그램에 맞춰 스크립트를 만드는 방법을 올려둘 예정이니 참고하시기 바랍니다.

9. 이 방식으로 다른 외국어도 배울 수 있을까요?

물론입니다. 책에서 설명한 훈련용 프로그램은 어떤 외국어든 가리지 않습니다. 영상과 스크립트만 있으면 언제 어디서든 어떤 외국어든 훈련이 가능합니다. 특히 미드로 영어를 배우려는 분들이 이 훈련 프로그램을 통해 말하기 훈련을 많이 합니다. 현재 윈도우 프로그램인 NativeBox 프로그램은 무료이기 때문에 다운로드받아서 얼마든지 활용하실 수 있습니다. (네이버에서 '네이티브박스'라고 치면 다운로드받을 수 있는 사이트가 나옵니다.) 다른 좋은 프로그램도 많지만 저는 NativeBox를 강력히 추천드립니다. 간편하면서도 말하기 훈련을 강력하게 시켜줄 수 있는 도구입니다. 본 프로그램을 잘 활용하면 어떤 외국어라도 단기간에 훈련하여 말을 할 수 있습니다. 추가로 필요한 것은 여러분의 열정과 의지뿐입니다.

에필로그

이 책은 기존의 일반적인 회화 공부 방법론에 비해 마이너합니다. 일단 애니메이션으로 일본어를 배운다는 것부터 많은 독자가 거부감을 가질 수도 있겠습니다. 하지만 영어 회화 등에서는 이미 미드로 영어 회화를 배우는 것이 대세입니다. 실제 원어민의 음성과 영상이 가득한 콘텐츠를 가지고 외국어 회화를 학습합니다. 그런데 일본어의 경우 이러한 방식의 교재들이 아직 많이 나와 있지 못합니다.

하지만 저는 확신합니다. 앞으로 외국어 회화는 이러한 방식으로 단기간에 회화가 가능하도록 해야 한다고 생각합니다. 초보자를 위한 기초 문법책 형태의 왕초보 회화 책은 앞으로도 계속 인기를 끌겠지만 진짜 회화를 배우고자 한다면 필자가 제시하는 실제 외국인들의 억양이나 말하는 방식을 따라 말하는 것이 가장 빠른 방법입니다. 또한 실제 외국인들과 지속적으로 대화를 나누어 보면서 내가 할 수 있는 말을 계속 늘려 나가야 합니다.

외국어는 눈으로 익히는 것이 아닙니다. 입으로 익히는 것입니다.

아직도 우리나라는 눈으로 익히는 외국어에 익숙해져 있습니다. 지식만으로 외국어를 습득하려고 한다는 것이지요. 단어를 많이 알고 문법적인 설명을 잘하면 외국어를 잘하는 것으로 봅니다.

이제는 바꾸어야 할 때입니다. 같은 한국인끼리야 그것이 통하겠지만 외국인과 막상 대화를 할 때는 한마디도 못하는 이상한 외국어 회화 습득 방식은 이제부터라도 바뀌어야 합니다.

제 책이 많은 것을 바꿀 수는 없습니다. 하지만 의미있는 첫발을 내딛는다는 차원에서 제 개인적으로는 고무적인 입장입니다.

이렇게라도 제가 평소에 생각했던 것들을 책이라는 형태로 알릴 수 있게 되어 굉장히 기쁩니다. 단 한명이라도 제가 주장하는 방식으로 일본어를 쉽게 말할 수 있게 되는 분이 생겼으면 좋겠습니다.

"애니메이션으로 배우면 확실히 회화에 도움이 된다"라는 분들은 많지만 어떤 방식으로 해야 하는지 구체적인 방법을 제시하지 못하는 경우가 많았습니다. 제 방식도 백퍼센트 옳다는 것은 아니지만 저의 개인적인 경험과 트레이닝 프로그램이 합쳐진 본 책의 방식이라면 기존의 단순했던 회화 습득 방식보다는 여러분의 일본어 회화를 단기간에 향상시킬 수 있는 방법이 될 것이라고 감히 말씀드립니다.

제 부족한 책을 읽어 보시고 애니메이션으로 익히는 일본어 회화에 관심이 생긴다면 네이버 카페인 "더쿠애니회화닷컴"(http://cafe.naver.com/thekuanistudy)에 가입하셔서 애니메이션 일본어에 대한 정보도 얻어 가시고 좋은 정보가 있으면 같이 나눌 수 있으면 좋겠습니다.

이 책의 일독을 통해 애니메이션은 아이들만 본다는 편견을 버리고 오늘부터 당장 애니메이션으로 일본어 회화에 도전해 보시기 바랍니다.

더쿠애니 최기훤